Rowohlt Verlag GmbH, Kirchenallee 19, 20099 Hamburg

Kontaktadresse nach EU-Produktsicherheitsverordnung:
produktsicherheit@rowohlt.de

DISCLAIMER

Die Methoden, die in diesem Buch beschrieben werden, sind einfache Prinzipien und Übungen, die sich leicht in ein gesundes Leben integrieren lassen. Sie ersetzen keine Therapie oder ärztliche Versorgung, sie dienen nicht zur Diagnose oder Behandlung psychischer oder körperlicher Erkrankungen. Sollten während der Praxis Probleme oder Situationen auftreten, bei denen die Leserin oder der Leser sich nicht wohl fühlt, bitten wir darum, unbedingt entsprechende Beratung oder Hilfe einzuholen.

Der Autor ist kein ausgebildeter Arzt, Psychologe oder Psychiater. Voraussetzung für die Nutzung der vorgestellten Methoden ist ein guter gesundheitlicher Allgemeinzustand. Bei einer Herz-Kreislauf- und/oder Lungenerkrankung sowie bei Wirbelsäulen- und/oder Gelenkproblemen bzw. anderen gesundheitlichen Einschränkungen empfehlen wir, vor Beginn des körperlichen Trainingsprogramms einen Arzt zu konsultieren.

MICHAEL CURSE KURTH

STELL DIR VOR, DU WACHST AUF

Die OOOO+X-Methode für mehr
Präsenz und Klarheit im Leben

Rowohlt Polaris

4. Auflage März 2024

Originalausgabe
Veröffentlicht im Rowohlt Taschenbuch Verlag,
Reinbek bei Hamburg, Februar 2018
Copyright © 2018 by Rowohlt Verlag GmbH,
Reinbek bei Hamburg
Umschlaggestaltung und Motiv
Hauptmann & Kompanie Werbeagentur, Zürich
Umschlagfoto Robert Eikelpoth
Umschlaginnenabbildung © Ingmar Nolting
Gesetzt aus der Whitman, InDesign
bei CPI books GmbH, Leck
Druck und Bindung BoD – Books on Demand GmbH,
Bad Hersfeld
ISBN 978-3-499-63366-9

Intro

- **13** Ein Experiment, Teil 1
- **14** Stell dir vor, du wachst auf
- **16** Ich wache auf
- **19** Meine Geschichte
- **25** Ein kleiner, großer Schritt
- **29** Der Bruch – Meditation, Coaching & Life

Die 0000+X-Methode
Fünf kleine Schritte für eine große Veränderung

- **41** Morgenroutine?
- **42** Der innere Kritiker ist ein Arschloch – aber manchmal ein nützliches
- **43** Die fünf Bestandteile
- **44** Einen Millimeter weiter links
- **46** Commitment – das Versprechen an dich selbst
- **50** Was, wie viel und warum
- **53** Aufschreiben statt aufsagen

Das erste O: Offener Raum
Warum wir morgens das Handy liegen lassen sollten – und wie wir das schaffen

- **57** Aller Anfang ist …
- **57** Du wachst auf
- **61** Der Offene Raum
- **63** Warum wir denken, dass wir müssten
- **66** Die Negativitätstendenz

67	Geschichten, die wir uns erzählen – ein Realitycheck
69	Mehr E-Mails, größere Produktivität?
70	Warum soziale Netzwerke uns unglücklich machen können
72	Kämpfen oder Flüchten?
73	Musterunterbrechung
77	O wie Obama
78	Den Offenen Raum praktizieren
80	Mein Versprechen an mich selbst

Das zweite O: Obrigado
Wie Dankbarkeit uns stärkt und glücklich macht

83	Ein Experiment, Teil 2
84	Obrigado
86	Dankbarkeit ist nicht «Positives Denken»
88	Dankbarkeit als Praxis
90	Das Dankbarkeitsjournal
94	Dankbarkeit bei Depressionen
95	Der Dankbarkeitsspaziergang
96	Das Ford-Fiesta-Prinzip
98	Die Widmung
100	Obrigado praktizieren
102	Mein Versprechen an mich selbst

Das dritte O: Om
Meditation ohne Räucherstäbchen und Klangschalen

105	Oooooooooooom – bloß nicht?!
107	Mach dich mit dir selbst bekannt
110	Liegen oder sitzen?

111	Die Sieben Gesten
117	Wie lange sollten wir meditieren?
118	Den Atem nutzen
122	Meditation mit Musik
124	Geräusche, Lärm und Ablenkung
126	Die Gedanken vor unserer Einfahrt
127	Was die Wissenschaft weiß
128	Ein Blick auf den Beipackzettel
129	Om praktizieren
131	Mein Versprechen an mich selbst

Das vierte O: Ocha
Von Aufmerksamkeit zu Bewusstheit – wie wir Achtsamkeit in den Alltag bringen

137	Ocha
138	Einfach nur eine Tasse Tee
140	Meditation im Alltag
148	Ocha während des Arbeitstages
153	Ocha praktizieren
155	Mein Versprechen an mich selbst

DAS X: EXERCISE
Warum Körper und Geist nicht getrennt sind und wie uns das hilft, präsent zu sein

160	Der Körper als Hilfe für den Geist
163	Sport und Couchpotatoes
164	Was und wie lange?
164	Die Evergreens
166	Das Sieben-Minuten-Workout
170	Tanzen

172 Dynamische Meditation
174 Kum Nye
182 Exercise praktizieren
183 Mein Versprechen an mich selbst

Routinen, Hacks & Tipps
Die Methode ins tägliche Leben integrieren

187 OOOO+X als Morgenroutine
191 OOOO+X als Abendroutine
193 OOOO+X als einzelne Module
196 Quick & dirty
197 Spaghetti bolognese sind keine Kartoffeln mit Champignons
199 Was tun, wenn es mal nicht klappt?

Bonus
Übungen zur Nacht

208 Die 4-7-8-Atmung
209 Den Tag reflektieren
212 Evening Pages

Outro
217 Tu es für dich und dadurch auch für andere

219 **Nachwort**

221 **Danksagung**

222 **Verwendete und weiterführende Literatur**

INTRO

«Beginne, wo du bist.»
Pema Chödrön

Ein Experiment, Teil 1

Egal, wo du gerade bist und aus welchen Gründen du dieses Buch in die Hand genommen hast: Ich würde dich gern zu einem kleinen Experiment einladen. Es dauert nur etwa 75 Sekunden, und du kannst es im Prinzip an jedem Ort und ohne Vorbereitung machen. Zum Beispiel genau hier und jetzt. Du bist skeptisch? Keine Sorge – das Schlimmste, was passieren kann, ist, dass du 75 Sekunden deines Lebens mit etwas Unnötigem verschwendet hast. Und mal ehrlich, uns beiden fallen bestimmt 20 Situationen ein, in denen wir weit mehr als 75 Sekunden mit überflüssigen Dingen verschwenden.

Das Beste allerdings, was dir bei diesem Experiment passieren kann: dass sich deine Sicht auf das, was du in diesem Moment spürst und erfährst, verändert, und zwar deutlich. Könnte man mal ausprobieren, oder? Also: Bist du bereit?

Lies dafür einfach die nächsten paar Zeilen und schließ dann deine Augen.

> Gleich wenn deine Augen geschlossen sind, nimm kurz wahr, wie du dich gerade fühlst. Wie fühlt sich dein Körper an? Atmest du flach oder tief? Sind deine Schultern hochgezogen oder gelockert? Spürst du eine leichte Unruhe oder eine angenehme Entspannung? Wo in deinem Körper kannst du dies besonders wahrnehmen? Achte auf deine Empfindungen in diesem Moment. Dafür brauchst du nur ein paar Sekunden. Dann, wenn du so weit bist, nimmst du einfach drei tiefe und bewusste Atemzüge.
> Während du einatmest, spürst du, wie der Atem deine Lunge füllt, wie deine Brust und dein Bauch sich sanft weiten. Beim Ausatmen nimmst du wahr, wie sich deine Brust wieder senkt und der Atem ausströmt.

So weit, so einfach. Dann können wir loslegen, oder? Auch wenn du gerade im Buchladen stehst, probiere die kleine Übung trotzdem aus – niemand außer dir wird es merken!
Nimm nun drei tiefe, achtsame Atemzüge. Richte deine Aufmerksamkeit dabei ganz auf die Atmung, auf das Gefühl des Ein- und Ausatmens in deiner Brust, deinem Bauch oder wo immer du es spürst. Du musst nichts anderes tun als das. Tu es mit voller Aufmerksamkeit.
Danach öffne die Augen.
Nimm dir einen kurzen Moment Zeit: Wie fühlst du dich jetzt? Schau in dich hinein. Was passiert dort gerade? Und wenn du nun die Aufmerksamkeit nach außen richtest, in die unmittelbare Umgebung, den Raum, in dem du gerade bist: Spürst du einen Unterschied in deiner Wahrnehmung? Gibt es eine Veränderung in der Art und Weise, wie sich dein Körper und deine Umgebung anfühlen?
Mehr gibt es nicht zu tun. Du nimmst einfach wahr, was ist.

Dieses Experiment könnte einfacher kaum sein: Wir nehmen wahr, wie wir uns fühlen, atmen einige Male bewusst ein und aus und horchen dann noch einmal in uns hinein. Wenn wir uns aufrichtig darauf einlassen, spüren wir einen Unterschied. Vielleicht ist er subtil, eine leise Ahnung – doch er ist da. Und selbst wenn wir wieder zur normalen Atmung zurückkehren, hält dieser Effekt noch für eine gewisse Zeit an.

Stell dir vor, du wachst auf

Wie kann es sein, dass diese schlichte Übung etwas in unserer Wahrnehmung verändert?

Der Atem ist der Schlüssel. In den Momenten unseres Lebens, in denen wir gelassen und entspannt sind, atmen wir automatisch ruhiger und tiefer als in jenen, in denen wir unter Stress stehen. Umgekehrt können wir in Stresssituationen durch bewusstes Atmen mehr Entspannung erzeugen. Dies funktioniert zunächst auf einer körperlichen, genauer einer biochemischen Ebene: Durch tiefe und bewusste Atmung verringern wir die Produktion von Stresshormonen wie Cortisol oder Adrenalin. Unser Herzschlag und unser Puls verlangsamen sich, und wir aktivieren den sogenannten Parasympathikus, denjenigen Teil unseres Nervensystems, der ganz allgemein für Erholung und einen vertieften Ruhezustand zuständig ist. Gleichzeitig beruhigen wir den Sympathikus, welcher unsere Stressreaktionen steuert. Dabei wird durch bewusstes Atmen auch unser Verdauungssystem angeregt – sehr hilfreich also, falls wir diese Übung nach dem Mittagessen machen.

Vereinfacht ausgedrückt können wir sagen: Entspannt sich unser Körper, kann auch unser Geist ruhiger werden. Ein bewusstes Wahrnehmen des Körpergefühls und ein klarer innerer Fokus können die Gedanken beruhigen und sogar Angstzustände und Depressionen abmildern. Unser rastloser Kopf findet zum Hier und Jetzt, statt sich mit Gestern oder Übermorgen zu beschäftigen.

Soll das heißen, dass wir nur durch bewusstes Ein- und Ausatmen all unsere Probleme lösen können?

Wohl eher nicht. Doch was wäre, wenn wir mit solch einfachen und leicht in den Alltag integrierbaren Mitteln wie der Atmung die Möglichkeit hätten, eine grundlegende positive Veränderung in unserem Leben zu bewirken? Wenn es bestimmte Methoden und Übungen gäbe, die wir praktizieren können und die uns jeden Tag ein kleines bisschen mehr dabei helfen, ein inneres Gleichgewicht zu entwickeln?

Tatsächlich gibt es sie. Wir können dazu aus einem jahrtausendealten Wissensschatz von meditativen Traditionen schöpfen und anhand der Beispiele anderer Menschen erfahren, was ihnen in ähnlichen Situationen wie unserer eigenen weitergeholfen hat. Zum Glück leben wir heute auch in einer Zeit, in der die Wissenschaft viele dieser Methoden für sich entdeckt hat und ihre Wirksamkeit empirisch überprüfen und belegen konnte – dies schon mal vorab für die gesunden Skeptiker unter meinen Leserinnen und Lesern.

Unser Leben ist komplex. Jede und jeder von uns hat seine eigene Geschichte voller Erlebnisse, Prägungen, Wünsche und ganz persönlichen Bedürfnissen. Doch wir sind alle gleich. Unser Glück hängt nicht einzig und allein davon ab, was «mit uns passiert», sondern auch davon, mit welcher Bewusstheit wir den Dingen begegnen. Und vor allem, mit welcher Bewusstheit wir uns selbst begegnen. Und davon handelt dieses Buch.

Wir können jederzeit anfangen. Da, wo wir sind.

Ich wache auf

Da, wo ich bin, ist es noch dunkel. Meine Augen gewöhnen sich nur langsam daran. Jetzt sehe ich: Es sind die zugezogenen Vorhänge, die das Licht von außen nicht hereinlassen. Ich schaue auf mein Handy. Es ist bereits Viertel vor zehn. Da ich erst um kurz vor fünf im Bett war, fühlt es sich an, als hätte mich ein Zug überfahren. Mein Kopf dröhnt, meine Bronchien tun weh, mein Mund ist trocken, meine Nase zu. Mist, ich habe zu viel geraucht. Dabei rauche ich normalerweise gar nicht. Das war wohl eine Folge der sieben Bier, die ich getrunken habe. Unnötig. Vor allem, weil ich gar nicht richtig betrunken geworden bin, nur immer müder. Ich bereue es, nicht besser auf mich geachtet zu haben und seufze – es klingt, als würde eine Motorsäge anspringen. Meine Stimme scheint halbwegs ruiniert zu sein.

Der Ton meiner Gedanken ist auch nicht freundlicher als der meiner Stimme. «Du hast zu wenig geschlafen, trotzdem ist es jetzt schon spät, und du hast zu wenig Zeit, du musst zu dem

Termin, du kannst nicht mehr frühstücken, jetzt bist du nicht ausgeruht» – zu wenig, zu viel, zu spät ...

Ich schaue erneut auf mein Handy. Schon früh sind Nachrichten angekommen. Ich müsste reagieren. Hätte ich mich doch schon gestern vorbereitet und besser geplant! Hätte, müsste, sollte ... Mein Kopf kreist. Unmut steigt in mir auf. Müdigkeit, körperliches Unwohlsein, Unlust auf die anstehenden Aufgaben und ein Bereuen der diversen Inkonsequenzen von gestern Nacht vermischen sich zu einem Cocktail, der gelinde gesagt mies schmeckt. Mein Tag beginnt mit einem schlechtgemixten Emo Long Island Iced Tea, inklusive Kopfschmerz-Garantie. Und dabei habe ich doch bereits Kopfschmerzen.

Noch mal der Blick aufs Handy. Die Uhr bleibt gnadenlos, ich bin zu spät dran. Ich muss unter die Dusche, vielleicht schaffe ich noch einen Kaffee – doch um den zu trinken, müsste ich vorher etwas essen. Auf nüchternen Magen vertrage ich keinen Kaffee. Ich fasse den Entschluss aufzustehen, schlage die Decke zur Seite, setze die Füße auf den Boden und öffne auf dem Weg zum Bad das Fenster. Das Wetter macht meiner Stimmung Konkurrenz: wolkenverhangener Himmel, es regnet leicht, die Luft strömt kühl und feucht herein. Langsam wird es lächerlich. Doch, Moment, eins fehlt noch: Zwei Stockwerke unter mir, in einem Seitenflügel des Hotels, in dem ich mich befinde, gibt es anscheinend ein Fitnessstudio. Beim Öffnen des Fensters schallt mir laute Chartmusik entgegen, zu der ein offensichtlich hochmotivierter Trainer seine Anweisungen in eines dieser Headset-Mikrophone schreit. Gerade als ich mich frage, ob ich ihm den Hals umdrehen soll oder lieber doch nur den Griff meines Fensters, um es zu schließen, habe ich einen Flashback.

Indien. Ich stehe mit mehreren hundert Menschen in einem riesigen, dunklen Raum. Es ist sechs Uhr morgens, noch vor Sonnenaufgang. Die Musik dringt aus riesigen Boxen, die in allen vier Himmelsrichtungen stehen. Wir atmen. Wir bewegen uns chaotisch. Die Anspannungen der Nacht und des vergangenen Tages, verdammt noch mal, die Anspannungen des bisherigen Lebens, sie lösen sich, ein bisschen, hier und da macht es «knack» und etwas rastet ein. Oder aus. Plötzlich ruft jemand laut «STOPP». Alle Bewegungen frieren ein. Wir stehen still, beobachten unseren Atem, sind mit dem präsent, was da ist. Es ist genau diese Erinnerung an dieses abrupte «STOPP», die mich jetzt aus dem unguten Gedankenstrudel des Hotelzimmermorgens reißt. Ich atme tief ein und aus. Es ist absurd – ich bin auf einmal dankbar dafür, dass diese Menschen unten im Fitnessstudio so frühmorgens zu schrecklicher Musik tanzen. Obwohl ich körperlich schon wach war – wirklich aufgeweckt wurde ich von ihnen.

Ich setze mich ein paar Minuten auf die Bettkante und beobachte, wie sich meine Gedanken langsam absetzen wie Sand in einer Wasserflasche, wenn man sie nach dem Schütteln abstellt. Nach ein paar Minuten nutze ich mein Handy zum ersten Mal an diesem Tag bewusst und schreibe die Erinnerung an das «STOPP» und das, was sie bewirkt hat, auf. An Tagen, an denen mich ein negativer Gedankenstrudel mitreißt, möchte ich mich daran erinnern.

In meinem Hotelzimmer steht ein Wasserkocher, ich fülle ihn auf, putze mir die Zähne und trinke danach einfach ein Glas heißes Wasser. Der Dampf aus der Tasse steigt in meine Nase, und ich spüre, wie sich kleine Tropfen in meinem Bart verfangen. Ja, ich habe einen Kater. Ja, ich stehe unter Druck, die Aufgaben des Tages wollen erledigt werden. Ja, ich werde ohne Frühstück den Tag beginnen. Doch mir geht es gut. Zumindest wesentlich besser als noch vor 10 Minuten.

Hotelzimmer, Indien, ruhiges Atmen, heißes Wasser in meiner Kaffeetasse – wie zur Hölle bin ich überhaupt hier hingekommen?

Meine Geschichte

Solange ich zurückdenken kann, wollte ich Rapper werden. In der Grundschule hatte ich allerdings noch einen weiteren Berufswunsch: Psychologe. Obwohl Rapper und Psychologe auf den ersten Blick unterschiedlicher nicht sein könnten, ähnelten sich die Gründe, aus denen ich diese Berufe interessant fand, erstaunlicherweise sehr.

Meinen ersten Kontakt mit Hip Hop hatte ich bereits im Kindergarten. Dort gab es eine Zeitlang einen Zivildienstleistenden, der uns Breakdance beigebracht hat. Anfang der 80er schwappte gerade die große Hip-Hop-Welle aus den USA herüber und erreichte sogar uns im kleinen ostwestfälischen Minden. Obwohl ich erst ein paar Jahre später begann, die Inhalte von Rap zu verstehen, wusste ich schon im Kindergarten: Da ist irgendwas. Dieses Irgendwas hat mich seitdem nicht mehr losgelassen.

In der Grundschule hatte ich Probleme. Ich funktionierte nicht so, wie meine Eltern und meine Lehrer sich das vorgestellt hatten: Ich war zu laut und zu lebendig, ein Störfaktor in allen Situationen, in denen es eher darum ging stillzusitzen. Ich stellte entweder zu viele Fragen und war mit keiner Antwort zufrieden, oder ich war desinteressiert und überhaupt nicht bei der Sache. Meine Eltern machten sich Sorgen, meine Lehrer waren abweisend und genervt. Ich selbst fühlte mich einfach komplett unverstanden. Zum Glück hatte ich die Möglichkeit, mit einer weiteren Person zu sprechen: einem Psychologen. Dieser Kontakt half mir sehr, ich fühlte mich ernst genommen, und schon damals entwickelte ich den Wunsch, diese Unterstützung eines Tages anderen Menschen geben zu können.

Beides, die Musik und der wertschätzende Umgang mit anderen, wie ihn mir der Psychologe gezeigt hat, haben in mir ein Gefühl ausgelöst, das ich nicht mehr missen wollte. Dieses Gefühl wollte ich ausdrücken, ich wollte es mitteilen im wahrsten

Sinne des Wortes, ich wollte es mit anderen Menschen teilen. Ich habe mir gewünscht, anderen Menschen dasselbe Gefühl von Inspiration, Zugehörigkeit und Glück geben zu können, dass ich selber erfahren hatte. Deswegen habe ich im Kindergarten angefangen, Breakdance zu tanzen, und in der fünften Klasse begonnen, Raptexte zu schreiben. Beides zunächst mit sehr bescheidenen Ergebnissen, auf die ich heute kaum schauen kann, ohne mich innerlich schlapp zu lachen. Aber ich war dran.

Ebenfalls im jungen Alter, ich weiß nicht mehr genau, wann, kaufte ich mir ein Buch über Psychologie und weitere Bücher über Mythen und Weltreligionen, um den Sinn des Lebens zu entdecken und hinter die Geheimnisse des Menschseins zu kommen. Ich verstand nur Bahnhof. Aber ich war dran.

Als ich auf die weiterführende Schule kam, kippte die Waage meiner Interessen klar in Richtung Rapmusik. Es war eine Zeit, in der die Frage danach, wer ich bin und wie ich mich mit mir selbst in der Welt zurechtfinden konnte, pubertätsbedingt zur allerwichtigsten Frage überhaupt wurde. Beide meiner großen Interessengebiete konnten mir dabei eine Orientierung sein, doch im Vergleich zu Psychologie und Religion hatte Rapmusik einfach die besseren Beats.

Zu den Texten von Public Enemy und Big Daddy Kane konnte ich mich bewegen und tanzen, ich konnte sie auswendig lernen und mitrappen, ich konnte sie im Unterricht über Kopfhörer hören und mir dadurch das wirklich wichtige Wissen aneignen, von dem ich überzeugt war, es nicht in der Schule lernen zu können. (Sollte mein Sohn diese Zeilen lesen: Mach deine Hausaufgaben!)

Obwohl Rapmusik Ende der Achtziger und Anfang der Neunziger in Deutschland noch nicht so Fuß gefasst hatte, dass ich deutschsprachige Vorbilder gehabt hätte, fiel es mir leicht, mich mit den Worten und Inhalten der amerikanischen Rapper zu identifizieren. Ich bezog sie auf meine eigene Situation.

Die Botschaften waren klar: Wir sind anders, ihr findet uns suspekt und wollt uns nicht in eurem Spiel dabeihaben; doch wir schämen uns nicht für das, was wir sind, wir tragen unser Anderssein mit Stolz und beziehen unsere Stärke genau daraus. Wir machen diese Musik, um allen anderen da draußen, die ebenfalls anders sind und nicht in das genormte System passen, Mut zu machen und zu sagen, dass sie nicht alleine sind.

Diese Nachricht kam bei mir an. Und das war es auch, wovon meine ersten selbstgeschriebenen Raptexte handelten: wie es ist, ein Außenseiter zu sein und sich trotzdem zu behaupten. Ich schrieb mein Innenleben auf, soweit mir das als Zehnjähriger gelang, ich konnte mein Inneres nach außen kehren und mich dadurch ein Stück weit selber heilen und meine Welt in Ordnung bringen. Das war für mich die Essenz von Hip Hop. Meine zweite große Leidenschaft, die Psychologie oder allgemeiner ausgedrückt mein Interesse daran, wie wir Menschen funktionieren und warum wir sind, wie wir sind, spiegelte sich also auch in der Musik und meinen ersten Textversuchen. Natürlich ging es in der Rapmusik auch damals schon um schöne Frauen, große Autos und schnelles Geld – Botschaften, die bei mir als pubertärem Teenager jedoch verständlicherweise gut ankamen.

Mitte der neunziger Jahre bekam ich die große Chance, zum Studieren nach Amerika zu gehen. Eine große Chance war es für mich nicht nur deshalb, weil ich mein Elternhaus verlassen konnte (es war an der Zeit …) oder weil ich die Möglichkeit hatte, endlich Psychologie zu studieren, sondern vor allem, weil das College nicht weit von New York City entfernt war – der Geburtsstadt von Hip Hop und Rap.

Meine zweijährige Zeit am College war ein großes Privileg. Ich konnte dem Ursprung meiner Musik so nahe sein wie noch nie zuvor, ich konnte sie in den Straßen der Stadt einatmen und dann die Nächte damit verbringen, diesen Atem zurück in meine Texte zu leiten. Ich konnte in einem Umfeld von lauter

Freaks und Außenseitern, die alle irgendwie so waren wie ich, auch die akademische Seite meiner Interessen weiterverfolgen und lernte viel über Mythologie, Soziologie, Psychologie, Literatur und Religionswissenschaften. Ich freundete mich damit an, einen College-Abschluss zu machen, denn wenn mein erklärter Berufswunsch, Rapper zu werden, aus irgendeinem Grund nicht funktionieren sollte (für mich unvorstellbar!), wollte ich wenigstens eine Alternative in der Tasche haben – wenn auch ganz tief am Boden einer versteckten Innentasche, mit Sicherheitsverschluss.

Also machte ich den Abschluss. Meine Eltern mussten mich ein wenig zu meinem Glück zwingen. Danke, Mama, danke, Papa. Das war gut.

Als ich von meinem College-Aufenthalt zurück nach Deutschland kam, fielen die über Jahre aufgereihten Dominosteine dann endlich auf die ersehnte Art und Weise: Ich nahm die richtigen Songs auf, traf die richtigen Leute, hatte meine ersten Gastauftritte bei namhaften Größen der Rapszene und unterschrieb meinen ersten Plattenvertrag.

Die nächsten zehn Jahre vergingen wie im Flug. Ich lebte meinen Traum. Meiner zweiten großen Liebe, der Psychologie, hatte ich einen Platz auf der Auswechselbank zugewiesen. Dennoch flossen viele ihrer Aspekte in meine Texte ein. Ich war der, der die «deepen Lyrics» schrieb, ich erzählte persönliche Geschichten und nutzte meine Musik immer auch als Ausdruck meiner inneren Welt. Sie war für mich die perfekte Möglichkeit, meine Träume und Ambitionen auszuleben und gleichzeitig auch über Zweifel und Ängste sprechen zu können. Rap war für mich im Wortsinne Soulmusik, von der Seele für die Seele, Möglichkeit zur Selbstreflexion – auch wenn es im nächsten Song dann wieder darum ging, dass ich der beste Rapper war und alle anderen bitte sofort nach Hause gehen sollten.

Man kann sagen, ich habe meinen Traum gelebt, genau das getan, was sich viele wünschen. Ich wurde respektiert von den

Leuten, zu denen ich aufgeschaut hatte, und arbeitete sogar mit einigen von ihnen zusammen.

Nach dem Erscheinen meines ersten Albums im Jahr 2000 ging ich auf meine erste eigene Tour, und danach begann ein großartiger Festivalsommer: Wir fuhren durch Deutschland, Österreich und die Schweiz, um vor Hunderten oder Tausenden Menschen unsere Musik zu spielen. Wir hatten unglaublich viel Spaß – doch in dieser Zeit bewegte sich vieles in meinem Inneren. Freundschaften veränderten sich, Menschen begegneten mir nicht nur mit Zuspruch, sondern auch mit heftiger Ablehnung. Ich sah mich als jungen Typ, der einfach seine Musik machen wollte, und wurde zum ersten Mal mit einer öffentlichen Welle von Kritik und sogar Anfeindung konfrontiert. Nichts davon konnte mich grundlegend von meiner Mission abbringen, doch diese Dinge haben mich sehr beschäftigt.

In den folgenden Jahren habe ich ein Leben geführt, dass mit dem meiner meisten Freunde nicht zu vergleichen war. In der Zeit, in der sie studierten, ihre Lehre beendeten und in WGs zogen, lebte ich meinen Rap- und Musiktraum. Input, der über das Schreiben und Produzieren von Songs, das Livespielen und in Studios Abhängen hinausging, holte ich mir hauptsächlich über Bücher. Ich las und las, interessierte mich für Literatur, psychologische und spirituelle Themen, und doch war ich so sehr in der Musik verstrickt, dass ich wenig Zeit und Aufmerksamkeit für andere Dinge übrig hatte. Ich denke, vielen Menschen wird es so gehen, wenn sie einen Job haben, der viel von ihrer Zeit und ihrer Aufmerksamkeit beansprucht. Zum Glück war es bei mir ein Job, den ich mir ausgesucht hatte, es war der Job meiner Träume.

Und dennoch merkte ich, dass ich von Jahr zu Jahr, von Veröffentlichung zu Veröffentlichung, von Tour zu Tour unglücklicher wurde. Zunächst konnte ich mir das nicht erklären: Schließlich tat ich das, was ich mir seit meiner frühesten Kindheit gewünscht hatte, ich war damit erfolgreich und konnte mein Leben weitestgehend so gestalten, wie ich es wollte. War es da nicht immens undankbar, sich unglücklich zu fühlen? In meinem engeren Freundeskreis konnten viele meine Gefühlslage nur schwer nachvollziehen. Ich wollte auch niemandem damit auf die Nerven gehen, zumal ich sowieso ein schlechtes Gewissen hatte, weil es mir so ging, wie es mir ging. Also versuchte ich, das Gefühl, grundlegend unglücklich zu sein, zu kompensieren. Ich begann, mir größere Ziele zu stecken. Ein neues Album – dieses Mal aber mit richtigen Hits, die auch in den Charts funktionieren. Eine neue Tour – dieses Mal aber mit der doppelten Anzahl von Musikern, einem größeren Bühnenbild und einem lauteren medialen Aufschlag. Eine größere Wohnung mit Garten und Kamin, regelmäßige Essen in Sternerestaurants, Reisen in exotische Länder. Alles prinzipiell keine schlechten Ziele.

Wenn ich dann allein in meinem großen Wohnzimmer mit Kamin saß, nachdem ich allein in einem Sternerestaurant gegessen und zu viel getrunken hatte, versuchte ich, die Einsamkeit zu verdrängen, indem ich noch mehr desgleichen tat. Doch an meiner depressiven Stimmung änderte das nichts, und meine Schuldgefühle darüber, dass ich mich so anstellte, wurden immer größer. Auch in geschäftlichen Situationen kam es immer häufiger zu Konflikten, die selbstverständlich nicht nur an mir lagen – aber sicherlich habe ich durch meine Unzufriedenheit nicht gerade zu schnellen und wertschätzenden Lösungen beigetragen.

Ich sprang von Event zu Event, von einem selbstkreierten Highlight zum nächsten, setzte mir immer wieder äußere Impulse, um für ein paar Momente in einem Glücksgefühl zu leben. Während der Produktion meines Albums «Freiheit» kippte meine Stimmung so sehr auf die negative Seite, dass mir über Monate hinweg nicht mehr klar war, wie es weitergehen sollte. Da war ein großes Studio, extra für mich gemietet, da waren Musiker und Produzenten, die ich sehr schätzte, da waren

Fotografen, Graphiker und Menschen bei der Plattenfirma, die gemeinsam mit mir an der Verwirklichung dieses Albums arbeiten wollten. Doch alles war ein Kampf. Jeder Arbeitsschritt, jede Textzeile, jedes geschäftliche Gespräch wurde zu einer einzigen großen Anstrengung für mich. Ich schien mich niemandem wirklich verständlich machen zu können – die Wünsche und Bedenken der anderen wiederum kamen bei mir nicht an. Gleichzeitig fühlte ich mich unglaublich schlecht, weil ich unfähig war, die mir gegebenen Chancen zu nutzen.

Schließlich habe ich mich *doch* dafür entschieden. Interessanterweise hatte ich den Titel «Freiheit» für das damals entstehende Album bereits gewählt, bevor ich anfing, an ihm zu arbeiten. Der Albumname schwebte wie eine Herausforderung und ein Versprechen zugleich über mir und über dieser Zeit. Ich bestellte mir ein paar Bücher, die das Wort Freiheit im Titel trugen und die mir interessant erschienen. Ich las über die Idee von persönlicher und gesellschaftlicher Freiheit, ich hatte sogar «Der Mythos Freiheit und der Weg der Meditation» von einem gewissen Chögyam Trungpa bestellt, einem Buddhisten – doch ich schreckte davor zurück, es zu lesen. Warum sollte Freiheit, die ich mir gerade versuchte mit Händen und Füßen zu erkämpfen, ein Mythos sein? Ich legte das Buch zur Seite. Erst Jahre später sollte ich es wieder in die Hand nehmen. Inzwischen hat das, was darin geschrieben steht, einen großem Einfluss auf meinen Weg der letzten Jahre und auch auf die Entstehung dieses Buches. Doch dazu mehr zu einem späteren Zeitpunkt.

Ein kleiner, großer Schritt

Als ich während der Albumproduktion merkte, dass es weder vor- noch zurückging, suchte ich mir Hilfe. Mein guter Freund Matthias, der Rapper war und jetzt Psychologie studierte, hatte mir vom sogenannten Systemischen Coaching erzählt. Diese

Herangehensweise an Probleme des täglichen Lebens war ihm in seinem Studium begegnet und hatte ihn komplett begeistert. Das Systemische Coaching ist keine Psychotherapie im herkömmlichen Sinne, es zeichnet sich dadurch aus, dass es sehr praxis- und lösungsorientiert arbeitet und den Klienten dabei helfen soll, ihre eigenen Ansätze zum Entwirren einer aktuell problematischen Situation zu entwickeln. Dabei schaut man immer auf die Umstände, auf das System, in dem bestimmte Verhaltensweisen oder Abläufe auftreten. Gibt es unerwartete Teile des Systems, auf die die Klientin Einfluss hat und die eine Veränderung bewirken können? Für mich war dieser Ansatz hochinteressant, und die zwei, drei kleinen Beispiele, die Matthias mir gegeben hatte, ließen mich hoffen, dass sich diese Herangehensweise auch für mich als hilfreich erweisen könnte. Ich beschloss, mit einem Systemischen Coach über meine Situation zu sprechen, viel hatte ich schließlich nicht zu verlieren, außer ein paar Euros. Aus den Erfahrungen meiner Kindheit und frühen Jugend wusste ich zwar, dass psychologische Arbeit mir schon einmal sehr geholfen hatte – und doch war die finale Entscheidung, diesen Schritt zu tun, für mich extrem schwierig. Mir fehlte ja nichts! Ich hatte ja nur eine schwere Zeit – für die es von außen betrachtet noch nicht mal Gründe gab. Wieder fühlte ich mich undankbar, schlecht, als ob ich mich selber einfach viel zu ernst nähme. Die Stimmen meiner äußeren Kritiker waren zu meiner eigenen geworden – und sie waren laut.

Der Schritt durch die Tür in die Coachingpraxis in Köln, in der ich schließlich landete, hat mein Leben verändert. Eigentlich ist es mir immer suspekt, wenn Menschen mit dieser Phrase hantieren, und deswegen habe ich ziemlich lange darüber nachgedacht, ob ich sie so überhaupt verwenden sollte. Schließlich habe ich mich dafür entschieden, denn an diesem Tag bekam ich eine neue Perspektive darauf, wie ich mein Leben gestalten konnte. Ich habe keine große philosophische Abhandlung gehört, mir wurde nicht der tiefere Sinn des Lebens erklärt, doch allein die Tatsache, dass es Methoden und Möglichkeiten gibt zu lernen, den Wald trotz lauter Bäumen wieder zu sehen – das hat etwas in mir ausgelöst. Es ging gar nicht darum, komplexe Gedankenkonstrukte aufzustellen oder alles über den Haufen zu werfen (obwohl das für mich eine handfeste Option gewesen wäre). Ich lernte, dass es darum ging, die eigenen Muster und Denkweisen bewusst anzuschauen. Das hat mir immens geholfen.

Unsere Muster formen sich ab der frühesten Kindheit durch unsere Erfahrungen, unsere Erziehung und unsere Veranlagungen. Wir lernen, auf bestimmte Dinge auf eine bestimmte Weise zu reagieren. Wir knüpfen komplexe mentale Verbindungen und entwickeln Vorlieben, Abneigungen und spezifische Verhaltensabläufe. Diese spulen wir immer wieder ab. Nach einer gewissen Zeit bestätigen sie sich selbst – so entstehen dann unsere Glaubenssätze. Wir treffen Aussagen über uns wie «Ich bin eher der Typ, der ...» oder «Ich kann ... gar nicht» und akzeptieren diese als wahr. Viele dieser Muster sind uns überhaupt nicht bewusst, sie laufen als unterschwelliges Programm in unserem Alltag mit. Wenn wir allerdings beginnen, sie anzuschauen und zu hinterfragen, kommen wir auf neue Ideen und Lösungsansätze.

Für mich war es gar nicht einfach, diese Muster, die ich seit so langer Zeit gepflegt hatte, zu erkennen – geschweige denn, in Frage zu stellen. Sie kamen mir so fest und definitiv vor. Der Anspruch, sie aufzulösen, erschien mir wie der Anspruch, mich selbst aufzulösen – furchteinflößend und eine Mammutaufgabe.

Was mir sehr half, war, dass meine Coachin mir am Ende der ersten Stunde eine Hausaufgabe mitgab: Sie malte eine horizontale Linie auf ein Blatt Papier und schrieb die Zahl eins an das linke Ende und die Zahl zehn an das rechte. Dann bat sie mich einzuschätzen, wo auf dieser Skala ich mich gerade befinde in Bezug auf die Lösung meiner Situation. Ich habe mich irgendwo bei der Drei angesiedelt. Das war schon optimistisch und das Resultat von zwei Stunden intensivem Coaching. Von einer gesunden Achteinhalb oder gar einer Zehn war ich jedoch meilenweit entfernt. Nun geschah etwas Besonderes: Die Coachin begann nicht darüber zu sprechen, wie wir schnellstmöglich die Zehn erreichen könnten. Stattdessen stellte sie mir eine Frage: «Was ist für Sie der nächste, kleinstmögliche Schritt, um von der von Ihnen gewählten Drei auf die Vier zu kommen? Was ist das Kleinste und Naheliegendste, was Sie dafür tun können?»

Wo befinde ich mich jetzt?

1   10

Was ist der nächste, kleinstmögliche Schritt, um von ... zu ... zu kommen

---

Dieser so einfache, aber präzise Ansatz rüttelte mich wach. Wir müssen nicht immer das Rad neu erfinden, um vorwärtszukommen. Wir können da anfangen, wo wir sind! Schritt für Schritt.

Sie bat mich, diese Frage mit nach Hause zu nehmen, sie so einfach wie möglich zu beantworten und entsprechend in die Tat umzusetzen. In unserem nächsten Treffen wollten wir dann sehen, ob der Schritt zu dem gewünschten Ergebnis geführt hatte. Von dort aus könne man dann den nächsten kleinen, naheliegenden Schritt unternehmen.

Nach zwei weiteren Sitzungen standen mir meine nächsten kleinen Schritte klarer vor Augen als in den gesamten zwei Jahren zuvor. Ich konnte beinahe nicht glauben, wie einfach sich manchmal ein emotionaler oder gedanklicher Knoten lösen lässt, wenn wir die richtigen Fragen stellen. Natürlich waren weder meine angespannte äußere Situation aufgelöst noch mein negatives Gefühl verbannt und vergessen, doch ich fühlte mich endlich wieder in der Lage, aktiv zu werden, meine Probleme anzugehen. Ich musste ein paar unangenehme Gespräche führen, mit anderen, aber auch mit mir selbst. Ich hatte den Zugang zu meinen inneren Ressourcen lange vernachlässigt, und es war Zeit, ihn wieder zu beleben. Klare Entscheidungen zu treffen tut manchmal weh, doch etwas zu ent-scheiden heißt buchstäblich, eine Aufteilung in zu viele verschiedene Richtungen in eine einzige klare umzuwandeln. Ich stellte mein Album fertig, ging wieder auf Tour und führte mein Leben äußerlich fast genauso weiter wie bisher. Innerlich hatten jedoch einige lang gelernte Selbstbilder begonnen, sich zu lockern und Platz für Veränderungen zu schaffen. Das Wort «Freiheit» hing weiterhin über dieser Phase meines Lebens und erinnerte mich immer wieder daran, mir die Frage zu stellen, was Freiheit für mich eigentlich bedeuten sollte.

Der Bruch – Meditation, Coaching & Life

Das Album war erfolgreich, die Tour lief gut, und ich hatte mit dem Song «Bis zum Schluss» (mit Silbermond) den größten Single-Erfolg meiner bisherigen Karriere.

Dann entschloss ich mich hinzuwerfen.

Ich hatte es geschafft, einige Aspekte meiner Situation zu entwirren. Ich hatte es geschafft, gestärkt und inspiriert die nächsten Schritte zu tun. Doch ich hatte keine Strategie dafür, wie ich kontinuierlich und konstant auf diese gestärkten Ressourcen zurückgreifen konnte. Das Coaching hatte in mir eine immense Energie ausgelöst, doch ich hatte keine Routinen im Alltag entwickelt, die mich dabei unterstützen konnten, diesen Level auch zu halten. Über so viele Jahre hatten sich meine negativen Gedankenmuster ausgebildet und vertieft, ich war so geübt in meinen Selbstzweifeln, inneren Kritikern und Sorgen, dass ich keine Chance sah, durch ein paar kurze Interventionen aus ihnen ausbrechen zu können.

Persönliche Themen, die ich viele Jahre mit mir herumgetragen hatte, meldeten sich. Sie wollten endlich ans Licht. Ich konnte nicht mehr länger vor dem Gefühl weglaufen, dass ich mein Leben neu strukturieren und entdecken musste, um nicht sehr, sehr unglücklich zu werden.

Die Entscheidung, die ich dann traf, entstand nicht aus einem spontanen Impuls heraus. Es war keiner dieser «Heureka!»-Momente, über die wir in Artikeln lesen oder Filme schauen möchten. Die Entscheidung hatte sich jahrelang angekündigt. Als ich mit Rap aufhörte, als meine langjährige Beziehung in die Brüche ging, ich meine Loftwohnung gegen eineinhalb Zimmer eintauschte, waren das nur die letzten Tropfen – das Fass war längst übergelaufen. Ich wusste, dass ich meine Veränderung leben musste.

Was für viele von außen betrachtet vor allem in Bezug auf meine Musik schwer nachzuvollziehen war, war für mich eine schmerzhafte, aber logische Konsequenz aus den letzten Jahren. Meine Liebe zur Musik war ungebrochen – meine Liebe dazu, Musik in der Öffentlichkeit darzustellen, war kompliziert. Ich konnte nicht anders, als neu zu beginnen.

Natürlich schrieb ich weiter Texte, arbeitete an Songs und begann, für andere Künstler als Texter und Songwriter tätig zu werden. Vor allem aber hatte ich den dringenden Wunsch, nachhaltige, innere Veränderung zu erfahren. Ich begann, Psychologen und Coaches aufzusuchen, um mich meiner Situation zu stellen und dieses Mal Methoden zu finden, die eine langfristige, konstante Veränderung und Verbesserung bewirken könnten. Irgendjemand musste doch den Schlüssel in der Hand halten!

Während einer Session sprach mich eines Tages der Coach, mit dem ich ein paar Monate eng zusammenarbeitete, auf das Thema Meditation an. Ich erzählte ihm, dass ich mich sehr für Buddhismus und andere Religionen interessieren würde und früher Kampfsport betrieben hätte, sodass ich immer wieder mit Meditation in Berührung gekommen war. In Wirklichkeit hatte ich allerdings nie richtig meditiert. Nun erzählte ich, dass ich mir durchaus vorstellen könne, eines Tages in den Himalaya auszuwandern und mich dort in einer Höhle in die vollständige Versenkung zu begeben. Ich datierte dieses Auswandern auf einen Zeitpunkt irgendwann nach meinem 60. oder 70. Lebensjahr, einem Zeitpunkt, an dem ich dachte, mein Leben sicherlich «gemeistert» zu haben. Dann, so schwadronierte ich vor mich hin, könnte ich mich der Meditation und der spirituellen Praxis widmen, da ich nichts mehr erreichen müsste und keine Ambitionen mehr bräuchte oder hätte. Sicherlich würden mich Meditation und spirituelle Praktiken entspannen, aber auf Kosten meiner Freude oder meines Engagements für Dinge gehen, die mir Spaß bereiten und wichtig sind. Ich war der Meinung, Meditation mache passiv und gleichgültig und die Ruhe und Gelassenheit der Meditierenden würde sich darin begründen.

Mein damaliger Coach lachte kurz laut auf und fragte mich so etwas wie: «Wie kommst du denn auf so eine gequirlte Scheiße?» Wie es denn mit olympischen Athleten sei, die meditierten? Hätten die etwa keine Ambitionen mehr? Wie wäre es mit Menschen wie Steve Jobs, Richard Branson oder mit Menschen, die ich persönlich kannte, wie meinen Kampfsportlehrer aus Japan? Hatten diese Personen keine Ambitionen mehr? War ihnen das Leben etwa gleichgültig? Waren sie lethargisch?

Mein Coach schlug mir vor, eine kurze Meditationsübung mit ihm zu versuchen, und ich willigte ein.

Ich musste mich dafür weder in den Schneidersitz setzen, noch zündete er Räucherstäbchen an oder sang ein Mantra. Stattdessen stellte er mir Fragen, ganz so, wie er es auch in einer normalen Coachingsitzung getan hätte.

Doch diese Fragen hatten es in sich:

Bist du deine Gedanken? Oder bist du der, der sie wahrnimmt? Bist du dein Körper? Oder bist du der, der ihn wahrnimmt? Bist du deine Emotionen? Oder bist du der, der sie wahrnimmt? Wenn du sagst, dass du deine Emotionen bist, du als Fünfjähriger aber ganz andere Emotionen hattest, als als Dreißigjähriger, welche dieser Emotionen bist du dann? Wenn sich dein Körper ständig verändert, welcher Körper bist du dann? Bist du ein ganz bestimmter? Bist du alle, bist du keiner? Was würde passieren, wenn du eine Hand verlierst? Wenn du dein Körper bist, wirst du in diesem Fall dann weniger du?

Es ist schwer, auf einer rationalen Ebene die Erfahrung wiederzugeben, die ich bei dieser Übung gemacht habe. Ich will es dennoch versuchen.

Je öfter ich die Übung praktizierte, je mehr ich begann, meine selbstverständlichen Annahmen über mich zu hinterfragen, desto mehr veränderte sich meine Wahrnehmung von mir selbst und allem um mich herum. Ich hatte das Gefühl, nicht mehr getrennt zu sein von dem, was um mich herum geschieht oder von den Menschen, die mit mir an diesem Geschehen teilhatten. Dieses Erleben würde ich nicht als mystisch bezeichnen, sondern als sehr klar, sehr präsent – und sehr ungewohnt. Aus dieser Perspektive heraus konnte ich auf meine Probleme, meine jetzige Situation und meine Sorgen schauen und sie ungeschminkt wahrnehmen. Dennoch empfand ich keine Hilflosigkeit, Verzweiflung oder Traurigkeit, sondern gewann eher ein Gefühl davon, dass die Dinge eben so sind, wie sie sind. Da war weder etwas Romantisches noch etwas Pessimistisches. Keine Bewertung. Es gab nur Klarheit. Ich fühlte mich handlungsfähig und in der Lage, mit der Welt und ihren

Herausforderungen in Interaktion und Kommunikation treten zu können.

Es fällt mir wie gesagt schwer, dieses Empfinden in Worte zu fassen – es muss selbst erlebt werden, am besten praktiziert mit einem erfahrenen Gegenüber. Doch es hinterließ einen bleibenden Eindruck bei mir.

In den folgenden Wochen versuchte ich, dieses Erlebnis intellektuell wiederherzustellen, aber es wollte mir nicht gelingen. Heute meine ich zu verstehen, warum. Solche Erfahrungen können weder festgehalten noch reproduziert werden. Es geht auch gar nicht darum, das zu tun. Im Gegenteil: Sobald wir uns zu sehr an sie klammern, sind wir erneut nicht im Hier und Jetzt, nicht in unserer Erfahrung der Gegenwart, sondern in einer Erinnerung oder einem Konzept, einer Vorstellung davon, wie etwas zu sein hat – statt in der direkten Erfahrung, wie es ist.

Dennoch war ich auch lange nach dieser Session so beeindruckt und berührt von dem, was ich erfahren hatte, dass ich meinem Coach davon erzählte. Ich spürte, dass ich einen Weg entdeckt hatte, auf dem ich unbedingt weitergehen wollte. Mein Coach lächelte: «Gratulation!». Er entließ mich mit den Worten: «Dann google einfach ‹Meditation› und ‹Köln›, und mach dich auf den Weg.»

Da ich zu der Zeit in Köln wohnte, fing ich an, die verschiedenen Orte abzuklappern, an denen Meditationseinführungen angeboten wurden. Ich bekam ein paar Empfehlungen von Freunden, und den Rest erledigte die Suchmaschine. Innerhalb weniger Wochen fand ich mich morgens um sieben mit 30 anderen Menschen archaisch schreiend und still meditierend wieder, ich saß in buddhistischen Zentren stundenlang im Schneidersitz, begann ungeplanterweise mit tibetischem Yoga und nahm an Workshops teil, bei denen die Teilnehmer erst einmal zu unsäglicher 90er-Jahre-Chartmusik tanzen sollten, um uns ein wenig «aufzulockern» (diese 90er-Chartmusik scheint mich zu verfolgen ...).

Das, was mir in diesen ersten Wochen am häufigsten begegnete, waren meine eigenen Vorurteile und Widerstände. Immer wieder, manchmal sogar bereits nach den ersten Minuten einer Übung, kam ich an meine Grenzen. Nicht weil die Übungen so extrem gewesen wären, sondern weil ich immer wieder an meinen Selbstbildern scheiterte, die ich mir über so viele Jahrzehnte aufgebaut hatte. Ich bin doch nicht der Typ, der jetzt hier in weißen Schlaghosen den Hippie-Dance macht ... Für die anderen ist das ja alles schön, meinetwegen, aber *mein* Musikgeschmack ist viel erlesener und ja, besser, und wenn *ich* tanze, dann nur zu gutem Zeug ... *Mir* bringt das alles ja nichts, *ich* bin nicht so ... Was soll *ich* denn mit ... – sagte es ständig in meinem Kopf.

Aber nun war ich da. Ich war bewusst hierhergekommen, hatte mich absichtlich diesen Situationen ausgesetzt, um mein Selbstbild in Frage zu stellen und mich neu zu entdecken. Also fing ich an, ein Konzept nach dem anderen der 90er-Chartmusik und dem Schneidersitz zum Fraß vorzuwerfen. Ich habe selten ein größeres Abenteuer erlebt, selten weniger mit mir selbst gekämpft – und gleichzeitig selten so herzhaft über mich gelacht wie in dieser Zeit.

Dann ging ich für ein paar Monate nach Indien. Das mag klischeehaft klingen – und macht sich in jeder spirituellen Biographie sicher gut –, bei mir ist die Wahl auf Indien allerdings absolut zufällig gefallen. Ich wusste damals weder vor noch zurück und wollte unbedingt so schnell wie möglich an einem siebentägigen Intensivretreat teilnehmen, von dem Freunde mir erzählt hatten. Von dem Retreat erhoffte ich mir, ja, eine Art Heilung, zumindest aber mehr Klarheit in meiner Situation und Lebensausrichtung. Also schaute ich nach dem nächsten Termin und Ort, an dem das Programm angeboten wurde, und das war: Indien. Damit war die Entscheidung gefallen. Obwohl ich keinen blassen Schimmer davon hatte, was mich konkret erwarten würde, betrat ich den Flieger – und ein paar Tage später mit 150 weiteren Menschen einen geschlossenen Raum. Noch nie zuvor hatte ich so intensiv meditiert, getanzt, mich mit meinen Ängsten konfrontiert und erfahren, wie es ist, wenn sich fremde Menschen voller Vorurteile begegnen und eine Woche später mit tiefer Verbundenheit voneinander verabschieden. Diese Woche hat all meine Erwartungen, Befürchtungen und Widerstände gesprengt. Und dieses Mal muss ich keine Sekunde darüber nachdenken, den Satz zu schreiben: Diese Woche hat mein Leben verändert.

Danach nutzte ich meine Zeit, um ein wenig zu reisen und viele Wochen lang tatsächlich nichts zu tun. Ich lernte dabei die unterschiedlichsten Menschen kennen, die sich alle auf ihren eigenen Reisen befanden, tauschte mich aus und lernte viel über die Lebensentwürfe anderer. Wenn es in unseren Gesprächen um spirituelle Praktiken, Meditation und Retreats ging, fiel mir auf, dass einige dieser Leute von einem Seminar zum nächsten zu laufen schienen. Solche intensiven Erfahrungen schienen ebenfalls zu einer neuen Art Sucht oder Kompensation werden zu können – das sollte mir nicht passieren. Ich merkte, dass es einen feinen Unterschied gibt zwischen dem Ausprobieren und dem Suchen auf der einen Seite, und dem ständigen Springen von Kick zu Kick auf der anderen. Ich wollte einen Mittelweg finden.

Als ich zurück nach Deutschland kam, ging ich regelmäßig in zwei buddhistische Zentren in Köln, um dort grundlegende Meditationspraktiken wie Shamatha oder Vipassana zu lernen. Gerade diese sehr klaren und einfachen Methoden ohne Zuhilfenahme von Visualisierungen, Mantren oder esoterischen Praktiken erwiesen sich für mich als sehr nützliche Basis. Ich merkte, wie gut es mir tat, im Alltag Methoden anwenden zu können, mit denen ich meine Erfahrungen aus Retreats und Intensivprogrammen in einen normalen Tagesablauf integrieren konnte. Denn ich merkte schnell: Die inspirierenden Erlebnisse, die ich in Indien gemacht hatte, verloren an Wert und

Wirkung, wenn ich nicht kontinuierlich etwas tat, um ihren Geschmack auf der Zunge zu behalten. Dabei halfen mir die grundlegenden, klaren Übungen, wie zum Beispiel die Shamatha-Meditation mit dem Atem, immens.

Ich erinnerte mich auch wieder daran, wie sehr mich die Methoden des Systemischen Coachings begeistert hatten, und entschloss mich, mehr darüber zu lernen, um sie mit anderen teilen zu können.

Nach einem kurzen Check von Zeit und Finanzen begann ich (trotzdem), eine Ausbildung zum Systemischen Coach und Changemanager zu machen. Ich hatte seit Jahren nicht mehr so große Lust, mich fortzubilden. Während der Ausbildung saß ich zwölf Monate lang förmlich auf der Vorderkante meines Stuhles und konnte kaum erwarten, alle Informationen aufzusaugen und die Übungen auszuprobieren. Ich kam mir vor wie der personifizierte Streber – und empfand unglaubliche Freude dabei. Zum Glück waren die anderen Teilnehmer schon zu alt, um mir Streberlein aus Rache das Pausenbrot wegzunehmen ... Außerdem hatte ich den Eindruck, dass es vielen von ihnen genauso ging wie mir. Ich lernte während dieser Zeit eine Menge über das Systemische Coaching, am meisten jedoch über mich selbst und andere Menschen.

Nach der Ausbildung entschloss ich mich, ein paar neue Songs aufzunehmen. Ich hatte mich während meiner musikalischen Hochphase viel zu wenig um die anderen Aspekte meines Lebens gekümmert und darunter gelitten. Die letzten Monate hatte ich meine Kreativität hintenangestellt und begann, mich auch damit nicht wohlzufühlen. Ich hatte im Coaching gelernt, dass wir häufig dazu tendieren, Anteile unserer Persönlichkeit, die wir gerade nicht verwalten können, abzuschneiden oder ruhigzustellen – dabei sollten wir versuchen, sie zu integrieren. Zum Beispiel indem wir aufhören, uns gegen unsere inneren Stimmen zu wehren, und sie stattdessen anzunehmen, ihnen zuzuhören und sie zu verstehen versuchen.

Es war Zeit, dies selbst zu beherzigen, denn 2014, als ich nach langer Pause ein neues Album veröffentlicht hatte, war das Pendel wieder in die entgegengesetzte Richtung ausgeschlagen: Die Musik bestimmte alles, und nun hatte ich das dringende Bedürfnis, meine nichtmusikalische Seite auszuleben.

Ich dachte immer noch, dass ich *entweder* Curse, der Rapper, *oder* Michael Kurth, der «Was-auch-immer» (Coach, Meditierende, Suchende ...) sein müsste. Entweder – oder.

Zum Glück merkte ich, dass ich dieses alte, sehr tiefe Denk- und Verhaltensmuster aufbrechen konnte.

Ich erkannte: Ich musste mich nicht entscheiden. Ich konnte Musik machen *und* meditieren, Rapper sein *und* Suchender, Songwriter *und* Podcaster. Diese Erkenntnis mündete schließlich in meinen Podcast Meditation, Coaching & Life und die ersten OOOO+X-Workshops – sie waren für mich ein einziges großes und etwas beängstigendes Experiment.

Wie ich dazu kam, was sich hinter OOOO+X verbirgt und welche überraschenden, bewegenden, inspirierenden und auch lustigen Erfahrungen ich auf meinem Weg bis heute gemacht habe – darum soll es in den nächsten Kapiteln gehen.

DIE 0000+X-METHODE
FÜNF KLEINE SCHRITTE FÜR EINE GROSSE VERÄNDERUNG

«Je einfacher die Methode, desto geringer die Gefahr von Abwegen.»
Chögyam Trungpa

Morgenroutine?

Ich komme aus Minden – und wie das in kleineren Städten so ist: Man kennt sich. So wie Laura Seiler und ich uns seit Jugendtagen kennen. Laura ist inzwischen Mindful Empowerment Coach, und als sie mit ihrem Programm «Seven AM Club» begann, in dem es u. a. um Strategien für einen guten Start in den Tag geht, lud sie mich ein, mit den Teilnehmern eine geführte Meditation zu machen. Kurz darauf war ich zu Gast in ihrem Podcast «Happy, Holy and Confident»; es sollte um das Thema Morgenroutine gehen. Sofort läuteten bei mir die Alarmglocken: Das Wort «Morgen» ist für mich, der nachts am kreativsten ist, eher negativ besetzt. Das Wort «Routine» ist für mich, der sich als kreativ versteht – egal ob morgens, mittags oder abends –, ein fast noch größeres rotes Tuch.

Wenn ich nicht gerade eine bestimmte Meditationspraxis intensiv übte, stand ich nicht extra früh auf, um ein besonderes Ritual zu zelebrieren. Mein Morgenritual bestand eher daraus, meinen Sohn zu wecken und ihm Frühstück zu machen, während er unter der Dusche stand.

Ich begann zu überlegen, was ich zu diesem Thema überhaupt beitragen könnte. Gab es vielleicht Dinge, die ich mit einer hohen Regelmäßigkeit tat und die mir den Alltag positiver gestalteten, die ich aber nie als «Routine» abgespeichert hatte? War dies vielleicht der Fall, weil diese Dinge schon ganz natürlich in meinen Tagesablauf integriert waren, sodass ich sie gar nicht mehr als «Techniken» und somit als Fremdkörper wahrnahm?

Tatsächlich, ich wurde fündig, und ich begann, sie aufzuschreiben. Mir wurde zum ersten Mal bewusst, dass sich bestimmte Methoden bereits als Konstanten in meinen Leben verfestigt hatten. Mir fiel sogar auf, dass es bestimmte Dinge gab, die ich direkt beim Aufwachen tat – beziehungsweise: gerade nicht tat. Ich fand heraus, dass es vier bis fünf solcher Dinge gab. All diese Punkte sind keine große Sache. Es handelt sich bei ihnen nicht um Geheimrezepte, komplexe Strategien oder esoterische Prinzipien, sondern um einfache und klare Methoden, die kleine, aber konstante Veränderungen begünstigen. Sie nehmen nicht viel Zeit in Anspruch. Sie sind nicht schwer zu erlernen oder umzusetzen. Aber sie helfen mir dabei, Tag für Tag ein paar Prozente mehr Ausgeglichenheit, Klarheit und Bewusstheit in mein Leben zu bringen. Sie helfen mir dabei, jeden Tag aufs Neue präsent zu sein.

Ich hatte meinen Zugang zum Thema des Podcasts gefunden. Und war gleichzeitig auf etwas viel Grundlegenderes gestoßen.

Der innere Kritiker ist ein Arschloch – aber manchmal ein nützliches

Eine meiner ziemlich lauten inneren Stimmen ist der Kritiker. Wir haben ihn bereits getroffen. Er stellt gerne alles, was ich denke und tue, in Frage, und das selten auf eine freundliche oder konstruktive Art und Weise. Du kannst dir vielleicht vorstellen, wie oft er während des Schreibens dieses Buches zu mir gesprochen hat. Auch während einer Albumproduktion wird er zu einem allzeit präsenten Bekannten. Wenn er nicht so miesepetrig wäre, nicht so ein unangenehmer Zeitgenosse, dann wäre er vielleicht schon zu einem guten Kollegen geworden. Einer von der Sorte, der ständig auftaucht und irgendwann einfach zur Familie gehört.

Manchmal, wenn dieser ständig nörgelnde Typ einen guten Tag hat, führt seine Kritik allerdings dazu, dass ich mich hinterfrage, ohne mich direkt zu verurteilen. Das klappt selten, doch wenn es klappt, ist es ganz phantastisch. So wie damals, als ich für Lauras Podcast die fünf Dinge herauskristallisiert hatte, die mir bei meinem Start in den Tag – und damit im gesamten Alltag – helfen.

Mein Kritiker redete mir also ein, dass ich mir gefälligst einige Studien und Erkenntnisse zu meinen subjektiven fünf Punkten anzuschauen hätte. Des Weiteren wäre es ja wohl das Mindeste, diese Methoden auch dahingehend zu prüfen, ob andere Menschen mit ihnen gleiche oder ähnliche Erfahrungen gemacht hatten.

Ich fand diese Vorschläge tatsächlich sinnvoll. Wenn meine Übungen und Prinzipien nur für mich funktionierten, hätte mir das schon gereicht. Dann wäre dies eben meine ganz persönliche, individuelle Formel, ohne irgendeinen Anspruch auf Allgemeingültigkeit. Aber vielleicht steckte etwas mehr dahinter.

Die fünf Bestandteile

Und ja, es steckte mehr dahinter. Ich fand Hinweise in der Literatur und in wissenschaftlichen Studien zu diesen Themen, ich tauschte mich mit anderen Meditierenden aus und fragte meine Meditationslehrer zu konkreten Bezügen und Methoden. Ich fand Grundlagen im Buddhismus, im Yoga, in verschiedenen Meditationsformen, dem Systemischen Coaching – und kam immer wieder zu meiner eigenen Erfahrung zurück. Durch ein paar Zufälle und mit ein bisschen Humor brachte ich meine Ergebnisse auf eine Formel: OOOO+X. Sie steht für die fünf Bestandteile, die ich für mich als Morgenroutine herausgefiltert hatte. Jeder Buchstabe ist die Abkürzung des jeweiligen Prinzips, um das es in dieser Praxis geht.

Das erste O steht für «Offener Raum», das zweite O für das portugiesische Wort «Obrigado» – Dankbarkeit als Praxis und Ressource, das dritte O, natürlich, für Om, also Meditation, das vierte O für das japanische «Ocha» – Bewusstheit in alltäglichen Dingen – und das X für Exercise, also Bewegung und Sport.

Die Prinzipien von OOOO+X können perfekt als tägliche Morgenroutine praktiziert werden. Ein Punkt baut auf dem nächsten auf, sie lassen sich sogar miteinander verknüpfen. Die fünf Punkte funktionieren ebenso als einzelne Pfeiler oder Wegweiser. Die Tatsache, dass sie praktikabel und leicht anwendbar sind, ist mir beinahe der wichtigste Aspekt. Es gibt bei OOOO+X nichts Exotisches oder Umständliches, was zu einer zusätzlichen Belastung für die Praktizierenden werden würde: Wir müssen keine Gadgets kaufen oder uns einer Philosophie verschreiben. Wir können uns selbst einfach die Chance geben, uns auf OOOO+X einzulassen. Wir können es wagen, ein paar unserer Muster und Gewohnheiten in Frage zu stellen – und sie vielleicht sogar zu durchbrechen.

Einen Millimeter weiter links

Bei OOOO+X geht es nicht um Erleuchtung, um intensive Retreats oder mystische Erfahrungen, die das Leben in den Grundfesten erschüttern. Solche Erfahrungen sind unglaublich wertvoll, und ich empfehle jeder Leserin und jedem Leser, sich auf die Suche danach zu machen.

OOOO+X steht allerdings für die einfachen, praktischen – und verdammt nützlichen – Dinge. Dafür, wie wir mit realistischen Mitteln mehr Klarheit und Präsenz in unserem Alltag kultivieren können, ohne in eine Höhle im Himalaya ziehen zu müssen. Dafür, wie wir jeden Tag einen kleinen, aber wichtigen Schritt gehen können.

Tony Robbins, einer der bekanntesten amerikanischen Coaches, erzählte in einem Vortrag von einer Erfahrung, die er beim Golfspielen gemacht hat. Da ich selber noch nie Golf gespielt habe, muss ich mich auf seine Worte verlassen – denn ich finde diese Geschichte so hilfreich, beeindruckend und aussagekräftig, dass ich sie gerne teilen möchte. Ich gebe die Geschichte in meinen eigenen Worten wieder, so, wie ich sie immer wieder in Workshops und Seminaren oder bei drei bis fünf Gläsern Wein mit guten Freunden erzähle. Los geht's:

Tony Robbins lernte Golf spielen. Trotz vielen Übens landete der Ball immer wieder Hunderte Meter entfernt vom angepeilten Ziel. Frustriert wendete er sich an seinen Trainer. Er würde wohl nun sein komplettes Golfspiel verändern müssen: die Art, wie er stand, wie er seinen Körper hielt, wie er den Golfschläger anfasste, in welchem Winkel er diesen schwang, vielleicht sogar die Art, wie er das Ziel fokussierte und welche Atemtechnik er nutzte. Robbins war überzeugt davon, dass er seine bisherige Art zu spielen über den Haufen werfen musste, um das gewünschte Ergebnis zu erzielen. Doch sein Trainer unterbrach ihn: «Tony! Es ist absolut nicht notwendig, alles grundlegend zu verändern. Du musst den Ball nur etwa einen Millimeter weiter links treffen. Das ist alles.»

Es fällt nicht schwer, sich die Verwunderung vorzustellen, die sich auf Tony Robbins' Gesicht abzeichnete. «Einen Millimeter?», fragte er. «Was meinst du damit, einen Millimeter?» «Wenn», sagte sein Coach, «wenn du den Punkt, an dem der Schläger auf den Ball trifft, einen Millimeter verschiebst, wird der Ball im Verlauf seiner Flugbahn Dutzende Meter weiter in die andere Richtung fliegen. Auf die Länge der Flugbahn gesehen bewirkt eine minimale Veränderung am Anfang eine große Veränderung über die Distanz hinweg!»

Die OOOO+X-Methode ist exakt dafür gedacht, unseren Golfball jeden Tag einen Millimeter weiter links zu treffen. Mit ihrer Hilfe können wir mit kleinen, bewussten Veränderungen, die konstant verfolgt werden, signifikante Veränderungen hervorrufen. Ich habe keinen der einzelnen Bestandteile von OOOO+X selbst erfunden. Sie sind mir begegnet, in der Literatur, durch eigene Erfahrungen und vermittelt durch großartige Lehrer. Ich passe sie immer wieder durch Ausprobieren, Scheitern und Neubeginnen an. Mein Anspruch und Wunsch ist es dabei, die Prinzipien von OOOO+X auch für einen stressigen, unvorhersehbaren Alltag anwendbar zu machen.

Um den optimalen Nutzen von OOOO+X genießen zu können, bedarf es allerdings einer Entscheidung: der Entscheidung, sich auf einen neuen Schritt einzulassen. Es bedarf der Neugierde auf ein Experiment. Es bedarf zu Beginn etwas, das im Buddhismus «Freudige Anstrengung» genannt wird – aber Kofferpacken macht schließlich auch Spaß, wenn wir es für einen langersehnten Urlaub tun.

Commitment – das Versprechen an dich selbst

Zum Abschluss jedes der nun folgenden Kapitel über die fünf Komponenten von OOOO+X findest du das Commitment: ein Versprechen an dich selbst, die Prinzipien in die Tat umzusetzen.

Das englische Wort «Commitment» kann im Deutschen «Verbindlichkeit», «Verpflichtung» und «Festlegung» bedeuten – aber auch «Hingabe», «Engagement», «Versprechen» und «Zusage». Das Wort «Versprechen» finde ich stark und als zusammenfassenden Begriff sehr passend: Wir gehen mit uns selbst einen Pakt ein, wir geben uns ein Wort, mit Hingabe und Verbindlichkeit. Ein Wort, das wir halten möchten, so, wie wir es einem guten Freund gegenüber tun würden.

Du musst im Übrigen nicht hundertprozentig überzeugt von OOOO+X sein, um anzufangen. Es reicht, neugierig zu sein! Es reicht, einen inneren Wunsch nach Veränderung zu spüren und diesen Impuls mit einer Portion Forschergeist zu erkunden. Bis du die Ergebnisse selber siehst und spürst, bis du eine merkliche Veränderung in dir wahrnimmst und diese von außen vielleicht sogar gespiegelt bekommst, bleiben diese Übungen und Methoden ein Experiment.

Es ist ein bisschen wie beim Hanteltraining: Wir wissen, dass der regelmäßige Gang ins Fitnessstudio, gepaart mit gesunder Ernährung und ein paar guten Gewohnheiten, zu einem größeren Bizeps, definierteren Bauchmuskeln oder strafferem Hintern führt. Aber wir müssen selbst hingehen, um diese Effekte auch zu spüren: Nach unserer ersten Trainingseinheit fühlen wir uns wahrscheinlich gut. Es ist großartig, den eigenen Körper zu bewegen und ihn anders wahrzunehmen. Wir merken, da passiert etwas. Unser Muskelkater ist ein gutes Zeichen: Endlich beanspruchen wir die Muskeln, die sonst viel zu wenig Action bekommen. Obwohl es weh tut, freuen wir uns darüber. Der Muskelkater zeigt uns, dass sich etwas verändert. Aber wir müssen uns Zeit geben, immer wieder üben, uns Unterstützung von Trainern und Trainingspartnern holen und so manches Mal den inneren Schweinehund überwinden. Von unserem ersten Besuch im Fitnessstudio würden wir wahrscheinlich nicht erwarten, dass wir hinterher mit 20 Zentimetern mehr Bizepsumfang herauskommen. Es wäre recht seltsam, wenn wir uns beschweren würden: «Das erste Training war zwar ganz schön, aber danach hatte ich ein Ziehen im Arm und irgendwie ist mein Bizeps gar nicht größer geworden, nee, ich lass das mal wieder sein, bei mir wirken Bizepscurls einfach nicht.»

Beim Fitnesstraining oder anderen sportlichen Aktivitäten finden wir es also selbstverständlich, dass es dauert, bis wir Ergebnisse sehen. Ähnlich sehen wir es auch bei beim Instrumentelernen, beim Malen oder Bildhauen oder einer geistigen Tätigkeit wie Schach. Um gar ein Experte in einer Sache zu werden, müssen wir 10 000 Stunden investieren, sagt der Wissenschaftsjournalist Malcolm Gladwell in seinem Buch «Überflieger. Warum manche Menschen erfolgreich sind – und andere nicht». Nun – diese Zahl liest sich griffig und ist von einer schönen Symbolkraft. Wissenschaftlich bewiesen ist sie allerdings nicht: Wie schnell wir eine bestimmte Sache meistern, hängt von mehreren Faktoren ab, unter anderem auch von unserem Talent und unserer Leidenschaft. 10 000 Stunden sind jedoch ein gutes Bild dafür, dass wir uns einbringen und dranbleiben müssen, um etwas Größeres zu erreichen. Bei Kindern kämen wir auch nicht auf die Idee, ein zeitliches Limit für ihre Entwicklung aufzustellen: Unsere Tochter oder unser Sohn darf so lange das Laufen üben, bis es klappt.

Warum setzen wir bei inneren Veränderungen dann so oft ganz andere Maßstäbe an? Warum denken wir nach zwei Meditationssitzungen, dass wir jetzt doch langsam mal deutliche Ergebnisse spüren müssten, damit wir nicht die Lust verlieren, weiter zu praktizieren? Warum denken wir, dass wir nach nur einem Gespräch und ein oder zwei guten Ratschlägen in der Lage sein sollten, ein inneres Problem aufzulösen, das wir bereits Monate oder vielleicht sogar Jahre mit uns herumtragen?

Innere Veränderungen sind subtiler und feiner als Muskelzuwachs oder das Meistern von Tonleitern. Sie sind nicht so offensichtlich, nicht beim bloßen Hinsehen zu erkennen. Sie sind Teil eines großen, unglaublich komplexen Systems aus Erinnerungen, Emotionen, Gedanken, Wünschen und Ängsten, das wir als «Ich» bezeichnen. Dieses Ich ist kein festes, starres und klar definierbares Etwas, wie wir oft annehmen. Bei genauerer Betrachtung ist es vielmehr ein sich ständig veränderndes, ausdehnendes und zusammenziehendes, konstant fluktuierendes System. Moment mal – was?

Ein Beispiel: Unser Ich von vor fünf Jahren ist nicht das gleiche Ich, mit dem wir uns heute identifizieren. Unsere Meinungen, Ideen und Emotionen haben sich verändert, vielleicht sogar ins Gegenteil gekehrt. Als Kind mochte ich keine Oliven. Heute liebe ich sie. Als Kind hatte ich den Spitznamen Zappel. Heute sitze ich in stundenlang ruhig in der Meditation – und hab sogar Spaß dabei.

Im Verlauf der letzten Jahre hat sich sogar ein Großteil unserer Atome, der Bausteine unseres physischen Körpers, ausgetauscht. Das, was wir jetzt, in diesem Moment, als «Ich» bezeichnen, ist noch nicht einmal dasselbe wie vor ein paar Sekunden, als wir begonnen haben, diesen Satz zu lesen. Die gute Nachricht ist: Gerade *weil* dieses System so wandelbar und in ständiger Bewegung ist, können wir zu jeder Zeit und an jedem Punkt ansetzen, um Veränderung zu bewirken.

Eine innere Veränderung beginnt oft damit, ein altes Muster innerhalb dieses Systems, das wir uns über lange Zeiten antrainiert haben, aufzubrechen. Dazu müssen wir es erkennen und beginnen, es in Frage zu stellen. Dafür brauchen wir Aufmerksamkeit, Aufrichtigkeit uns selbst gegenüber, einen klaren Blick und immer wieder Inspiration und neuen Mut.

Wir sollten uns also etwas Gutes tun und uns Zeit geben. So, wie wir unseren Kindern nicht verbieten würden, es immer wieder mit dem Laufen zu versuchen, sollten wir es uns selbst erlauben, es so lange zu versuchen, bis es buchstäblich läuft. Dabei sollten wir nachsichtig und verständnisvoll mit uns selbst umgehen und nicht erwarten, innerhalb weniger Tage unsere gesamte innere Welt umstrukturieren zu können – und wenn uns dies nicht gelingen sollte, alles hinzuwerfen und es bleibenzulassen, da es ja sowieso keinen Zweck hat. Wir sollten uns die Chance geben, nach und nach Erfahrungen zu sammeln, unser Inneres zu betrachten und uns neu zu verorten, vielleicht sogar bisher verborgene Seiten an uns zu entdecken. Für diese Erfahrungen sollten wir uns Zeit, Raum und Sanftmut zugestehen.

Am Anfang ist es hilfreich, wenn wir uns kleine, aber konkrete Schritte vornehmen und diese dann konsequent über einen gewissen Zeitraum verfolgen.

Die Praxis der Commitments ist genau dafür gedacht! Sie ist dafür entworfen, uns ein klares Ziel stecken zu können und uns immer wieder daran zu erinnern, warum wir es erreichen wollen.

Was, wie viel und warum

Das Commitment in OOOO+X setzt sich aus drei Teilen zusammen:

1. WAS werde ich tun?
Das Was bei OOOO+X ist klar: Es handelt sich um einen der fünf Bausteine der Methode. Manchmal entscheidest du dich vielleicht für einen bestimmten Aspekt der Methode, wie zum Beispiel für eine spezifische Meditation. Dann ist es gut, dies auch so aufzuschreiben.

2. WIE VIEL Zeit nehme ich mir dafür?
Hier schreibst du auf, wie viel Zeit du dir pro Tag oder Session für dein Vorhaben nehmen möchtest, zum Beispiel: jeden Morgen zehn Minuten, um zu meditieren. Wenn es nicht um Zeit, sondern um Wiederholungen geht – um beim vorhin erwähnten Fitnesstraining zu bleiben, zum Beispiel um die Anzahl der Bizepscurls – dann könnten es jeden Morgen dreimal 15 Wiederholungen sein. Versuche, realistische Ziele anzuvisieren: Lieber etwas weniger und dafür konsequent und jeden Tag üben, als dir ein hohes Ziel zu setzen, das dich überfordert.

Für jeden Baustein von OOOO+X gibt es in den jeweiligen Kapiteln Empfehlungen, die dir helfen können, dein persönliches Commitment zu formulieren.

Der zweite Punkt des Wieviel ist das Commitment, eine bestimmte Methode für einen festgelegten Zeitraum auszuprobieren. Eine interessante Frage: Wie lange gibst du dir, bis du ein erstes Resümee ziehst?

Bis eine neue Handlung uns leichtfällt und zur Gewohnheit wird, bedarf es einiger Zeit. Um die positiven Effekte von Sport, Meditation oder einem Offenen Raum deutlich zu spüren, müssen wir diese Dinge eine Zeitlang ausüben. Vielleicht hast du schon mal davon gehört, dass sich Gewohnheiten nach

21 Tagen festgesetzt und als Routinen etabliert haben? Diese Idee basiert allerdings auf einer Fehlinterpretation der Arbeit von Dr. Maxwell Maltz, einem plastischen Chirurgen, der beobachtet hat, wie lange seine Patienten brauchen, um die plastisch-chirurgischen Veränderungen ihres Körpers nicht mehr als fremd wahrzunehmen. Er beobachtete, dass dies im Schnitt nach etwa 21 Tagen der Fall war. Wissenschaftlich belegt ist die 21-Tage-Regel allerdings nicht.

In seinem Bestseller «Miracle Morning» empfiehlt der amerikanische Coach Hal Erold einen anderen Zeitraum: Die von ihm konzipierte Morgenroutine soll mindestens 30 Tage lang praktiziert werden, damit sie sich als Gewohnheit etablieren kann. Nach diesem Zeitraum lässt sich Erold zufolge ein gutes Zwischenfazit ziehen.

Wissenschaftlich betrachtet ist das Formen einer Gewohnheit wesentlich komplexer. Die Gesundheitspsychologin Phillippa Lally fand in einer Studie heraus, dass es 66 Tage dauert, bis eine neue Tätigkeit oder Aufgabe zur Gewohnheit wird – im Durchschnitt! Individuell kann die tatsächliche Zeitspanne sehr stark variieren, in Lallys Experiment lag sie von Person zu Person zwischen 18 und 245 Tagen.

Die Frage danach, ab wann eine Tätigkeit zur Gewohnheit geworden ist, lässt sich also nur auf eine Weise beantworten: «Es kommt darauf an!» Wie lang solltest du dir also für die ersten Erfahrungen mit OOOO+X geben? Ganz klar: Es kommt darauf an.

Ich persönlich finde den 30-Tage-Vorschlag hilfreich. 30 Tage sind meiner Erfahrung nach genug Zeit, um eine neue Methode oder Übung kennenzulernen und ihre Wirkung einschätzen zu können. Gleichzeitig sind 30 Tage für die meisten von uns kein zu großes, unüberschaubares Ziel. Einen Monat auf Fleisch zu verzichten oder täglich zu meditieren erscheint uns gut umsetzbar.

Eine weitere Möglichkeit ist es, das Commitment an ein

bestimmtes Ereignis zu koppeln: bis zum Erreichen einer beruflichen Deadline, bis Weihnachten, bis zum Urlaub. Dadurch wird die Praxis in einen festen Rahmen eingebunden, der als zusätzliche Motivation fungieren kann.

In den meisten Fällen würde ich allerdings empfehlen, nicht auf irgendeinen besonderen Zeitpunkt oder Rahmen zu warten, sondern da anzusetzen, wo wir uns gerade befinden. Wir können jederzeit starten – warum nicht 14 Tage, 21 Tage, 30 Tage oder eben 66 Tage ausprobieren? Der Anfang ist immer jetzt.

3. WARUM ist es mir wichtig, diese Sache zu tun?

Was wir tun oder verändern möchten und *wie* wir dies umsetzen beziehungsweise *wie viel* Zeit für uns dafür einräumen, sind wichtige Fragen. Sie definieren unseren Handlungsrahmen und geben uns eine klare Aufgabe. Wir können sofort anpacken!

Doch das, was uns bei Schwierigkeiten immer wieder hilft, uns neu zu orientieren, was unsere größte Motivation und Inspiration ist, ist das Warum. Wenn wir wissen, warum wir eine bestimmte Sache tun, schaffen wir uns einen festen Anker. Wir halten die Verbindung zum Grund, zu dem Punkt, von dem aus wir uns auf den Weg gemacht haben.

In der buddhistischen Lehre begegnen wir immer wieder der Frage nach der Motivation. Warum handeln wir auf eine bestimmte Art und Weise? Warum handeln wir überhaupt? Im Buddhismus kann dieselbe Handlung sogar unterschiedliche Bedeutungen haben – je nachdem, welche Motivation dahintersteckt.

Der Kulturanthropologe und Autor Simon Sinek erklärt anhand des Golden-Circle-Modells sehr prägnant und eindringlich, wie bedeutend unser Warum ist – und wie es auch in Kommunikation und Marketing eine zentrale Rolle spielt (nachzuhören in seinem empfehlenswerten TEDx Talk «Wie große Führungspersönlichkeiten zum Handeln inspirieren»).

Laut Sinek verfügt unser limbisches System, der Teil unseres Gehirns, der für das Treffen von Entscheidungen verantwortlich ist, nicht über die Fähigkeit zur Sprache. Daher sagen wir: «Ich verstehe, was du sagst, aber es *fühlt* sich nicht richtig *an*.» Dies mag eine vereinfachte Darstellung sein, doch sie weist auf etwas sehr Bedeutendes hin: den immensen Einfluss von Emotionen und Gefühlen auf unsere Entscheidungen und unser Verhalten.

Wenn wir also ein bestimmtes Verhalten begünstigen wollen, zum Beispiel – um mal ein völlig zufälliges zu nehmen – wenn wir regelmäßig OOOO+X praktizieren wollen (ha!), hilft es, diesen Wunsch mit starken Emotionen zu verbinden. Je klarer und bedeutsamer also unser Warum ist, desto besser funktioniert es als Motivator und Antrieb für unsere Praxis.

Aufschreiben statt aufsagen

Das Commitment in OOOO+X, das Versprechen an uns selbst, ist als Grundstein für die Praxis von unschätzbarem Wert. Für jede der fünf Methoden formulierst du dein ganz eigenes Was, Wieviel und Warum. Mach es konkret, sei kreativ und emotional! Je mehr du dich mit dem Commitment identifizieren und verbinden kannst, desto stärker wirkt es. Nimm dir Zeit, um herauszufinden, was du wirklich willst. Es muss nicht für immer sein, es muss nicht perfekt sein. Fühl es einfach, jetzt und hier.

Dann schreib es auf! Ein Vorhaben oder einen Wunsch nur im Kopf zu formulieren ist gut – ihn aufzuschreiben ist besser. Wir wissen, dass Personen, die ihre Ziele und Träume schriftlich festhalten, diese mit einer fast doppelt so hohen Wahrscheinlichkeit auch umsetzen. Ähnlich ist es bei Menschen, die ihre guten Neujahrsvorsätze aufschreiben: Nach ein paar Wochen sind deutlich mehr von ihnen noch bei der Stange als von denjenigen, die ihre Wünsche nur gedanklich formuliert hatten.

Möchtest du deine Commitments noch fester verankern, teile sie mit anderen Menschen. Vielleicht kann dein Umfeld dich an sie erinnern und dich bei der Umsetzung unterstützen. Was immer du tust, tu es jetzt.

DAS ERSTE O: OFFENER RAUM

WARUM WIR MORGENS DAS HANDY LIEGEN LASSEN SOLLTEN – UND WIE WIR DAS SCHAFFEN

«Abschalten.»
Peter Lustig

Aller Anfang ist ...

Wie lautet noch mal der bekannte Ausspruch? Jede Reise beginnt mit dem ersten Schritt. So oder so ähnlich soll es Laoze im Tao Te King, der Gründungsschrift des Taoismus, geschrieben haben. In allen Kulturen, Mythen und Religionen, in der Kunst, der Musik und der Lyrik, überall finden sich Geschichten und Beschreibungen über die Bedeutung des Anfangs, des ersten Moments. Die Art und Weise, auf die wir ein neues Projekt, eine neue Unternehmung oder Tätigkeit beginnen, bestimmt deren Ausrichtung und prägt wesentlich ihren Verlauf.

In vielen Schulen des Buddhismus wird zu Beginn der Meditation eine tiefe Empfindung von Mitgefühl (Bodhichitta) erweckt, um eine gute Ausgangsbasis für die dann folgende Praxis zu schaffen. «Tendrel», sagen die Tibeter und meinen, dass alles abhängig von dem entsteht, was ihm voranging. Dass jedem Anfang ein Zauber innewohnt, schrieb Hermann Hesse. «Wir sind am Start», sagte die Band, die phantastischerweise auch noch «Beginner» heißt. Wenn wir also unser Leben positiv verändern wollen – wo besser starten als am Anfang?

Du wachst auf

Wie also fangen wir an? Ich würde dazu gern eine Frage stellen, die weder rhetorisch noch philosophisch gemeint ist, sondern ganz konkret: Was ist das Erste, das wir tun, wenn wir morgens aufwachen? Was ist der erste Schritt? Was passiert direkt an diesem Tagesanfang, dem ein Zauber innewohnen soll?

Wenn es bei dir ähnlich ist wie bei mir, dann ist der erste Schritt wahrscheinlich ein nicht ganz so zauberhafter Griff in Richtung Wecker. Wir schalten ihn entweder aus oder drücken den Snooze-Knopf und drehen uns noch einmal um. Wenn du zu letzterer Personengruppe gehörst, so wie ich, lohnt sich ein prüfender Blick darauf, was die Snooze-Funktion eigentlich mit uns und unserem Schlaf bzw. unserem Aufwachen macht. Dazu später mehr. Denn selbst wenn wir zur Snooze-Spezies gehören, müssen wir nach ein paar Runden kapitulieren und uns in unser Schicksal, die Augen aufmachen zu müssen und aufzustehen, ergeben.

Ich bin an dieser Stelle so frei und mutmaße: Bei den meisten von uns fungiert das Handy inzwischen als «Wecker». Wenn der erste Schritt des Tages also die Interaktion mit diesem Wecker ist, dann, so möchte ich weiter mutmaßen, ist für die allermeisten von uns der zweite Schritt: zu swipen, zu tippen oder ein Muster zu malen, um unser Telefon zu entsperren. Und damit öffnen wir Pandoras Box.

Das, was sich in dieser Box befindet, ist so gewaltig, so unbegrenzt, so stimulierend und von einer so starken Sogkraft, dass wir uns mit dem bedeutsamen ersten Schritt des Tages in die Welt dieser Box hineinbegeben. Wir begegnen der Pushfunktion. Wir sehen sofort, wer uns Nachrichten auf den diversen Messengerservices gesendet hat. Wir lesen, welche Party wir gestern Abend verpasst haben; der Gruppenchat zieht unsere Aufmerksamkeit auf ein Beziehungsdrama im Freundeskreis, die frühaufstehende Schwiegermutter kündigt einen spontanen Besuch an, die Arbeitskollegin erinnert uns vorsorglich an die noch nicht erledigten Aufgaben des Tages. Wir werden ein wenig unruhig.

Dann wechseln wir die Plattformen und schauen uns bei den Nachrichtenportalen unseres Vertrauens (oder gesunden Misstrauens) an, was auf der Welt passiert ist, während wir es gewagt haben zu schlafen. In den seltensten Fällen finden wir dort Überschriften wie «500 Menschen haben sich gestern neu verliebt» oder «Polizei lässt freundlich grüßen, sie hat nichts zu tun». Stattdessen erwarten uns Schlagzeilen über kontroverse politische Diskussionen und dramatische Vorkommnisse, über Unfälle und Naturkatastrophen. Wir lesen von Dingen, die uns verstören und beunruhigen, auf die wir aber keinerlei Einfluss zu haben scheinen. Wir lesen Aussagen von Menschen, die wir nicht persönlich kennen, und bekommen häufig das Gefühl, die Welt sei grundlegend nicht in Ordnung.

Dann wechseln wir erneut die Plattformen und suchen Halt in den sozialen Netzwerken. Dort finden wir Nachrichten und Posts von Menschen, die wir zwar persönlich kennen, die aber mitunter auch nicht dazu beitragen, uns das Gefühl zu geben, die Welt sei Ordnung. Wir bewerten sofort das, was wir lesen, wir ärgern uns über bestimmte Kommentare und wundern uns über Ansichten, die uns fremd sind. Vielleicht sind wir sogar auf das Leben anderer neidisch – und schon sind wir mitten im Drama unseres virtuellen Umfelds gelandet. Wir fühlen uns vielleicht besser oder schlechter informiert als die anderen, unsere Meinung scheint uns wichtiger oder weniger wert. Wir klicken uns durch ein paar Bilder. Verglichen mit unseren Freunden fühlen wir uns plötzlich nicht sportlich genug, nicht schlagfertig genug, nicht up to date oder nicht attraktiv genug. Unser letzter Urlaub war weniger spannend und glamourös als der, den wir auf den Bildern unserer Bekannten sehen. Unser politisches oder soziales Engagement ist nicht so ausgeprägt und unser Online-Profil nicht so geschärft wie das der anderen. Daran müssen wir arbeiten! Apropos, schnell mal die E-Mails checken – es könnte ja sein, dass es etwas zu tun gibt, das nicht bis nach dem Frühstück warten kann. Schließlich ist die Welt aus den Fugen, den anderen geht es offenbar besser als uns, da müssen wir jede Chance für Produktivität und Profilierung umgehend nutzen. Es geht ja auch gar nicht anders!

Stehen wir dann auf, um den Tag zu beginnen, ist unser Gehirn bereits auf Mangeldenken, auf Vergleichen, auf Sorgen, auf Konkurrenz und Zynismus programmiert. Wie oft ist das der Anfang eines Tages, dem doch eigentlich ein Zauber innewohnen sollte! Selbst wenn der Griff zum Entsperren des Telefons nicht unsere erste Handlung sein sollte – vielleicht schalten wir erst die Kaffeemaschine ein oder waschen uns das Gesicht im Bad mit kaltem Wasser –, ist die Nutzung des Smartphones häufig eine unmittelbare Folgehandlung. Denn was tun wir, während wir darauf warten, dass der Kaffee durchgelaufen ist?

Musik hören, einem inspirierenden Vortrag lauschen – sehr gut. Doch achten wir dabei darauf, nicht von Radionachrichten, Werbung oder Kommentaren unterbrochen zu werden? Schaffen wir es, bei dieser einen Quelle zu bleiben, oder klicken wir uns doch durch die verlockende Vielzahl von Apps?

Wie oft tragen wir unser Handy beim Aufstehen mit ins Bad, putzen uns die Zähne, während wir (weiter)lesen und scrollen, machen uns ein Frühstücksei mit einer Prise Social Media, verlassen das Haus und warten auf den Bus mit gesenktem Blick auf den Bildschirm. Im weiteren Tagesverlauf schauen wir im Schnitt 88-mal auf unser Smartphone – ganze 53-mal davon entriegeln wir es dann und beginnen eine längere Interaktion, indem wir etwas Posten, E-Mails lesen oder Textnachrichten schreiben.

Wenn wir bereits frühmorgens unreflektiert in diese Gewohnheit hineinrutschen, verringern wir die Aufmerksamkeit für unseren digitalen Medienkonsum im gesamten Alltag. Unsere Konzentrationsfähigkeit nimmt messbar ab, die konstanten Reize und die dadurch produzierten Stresshormone begünstigen Nervosität, Ängste und depressive Zustände.

Schließlich wundern wir uns, warum sich unser Tag nicht so positiv und entspannt entwickelt, wie wir es uns wünschen.

Der Offene Raum

Das erste Element von OOOO+X setzt dort an, wo wir selbst beginnen die Stimmung und Ausrichtung unseres Tages festzulegen: in dem Moment, in dem wir aufwachen. Dafür müssen wir nichts Zusätzliches tun, keine zusätzliche Aufgabe erledigen oder eine neue Fähigkeit erlernen – wir müssen lediglich etwas weglassen …

Wenn wir uns eine neue Ausrichtung für unseren Alltag wünschen und Impulse zur positiven Veränderung setzen möchten, können wir uns darauf besinnen, was uns wirklich wichtig ist. Wie geht es uns? Wie fühlen wir uns, wie haben wir geschlafen? Wie fühlt sich unser Körper an? Haben wir das Bedürfnis, etwas zu trinken oder zu essen? Was können wir heute dafür tun, dass unser Golfball einige Meter dichter an der Zielflagge landen wird?

Wir schaffen Raum, um ein paar Momente in uns hineinzuhören und einer oder zwei dieser Fragen kurz nachzuspüren. Einen Raum, den wir uns meist nicht nehmen und über den wir im normalen Tagesablauf einfach hinwegbügeln. Einen Raum, den wir uns selbst nicht zugestehen – weil wir denken, wir könnten es uns aufgrund unser vielfältigen Verpflichtungen nicht leisten. Statt in uns zu schauen und zu ergründen, was wir für einen guten Tag benötigen, schauen wir in die Welt der anderen, der digitalen Medien und sozialen Netzwerke. Wir schalten damit unseren Körper und unseren Geist in einen reaktiven Modus. Wir setzen keine eigenen Impulse, sondern reagieren lediglich auf die Impulse anderer.

Das erste O ermutigt uns dazu, uns diesen Raum zu schaffen. Es ist kein philosophischer, sondern ein absolut praktischer Ansatz. Es handelt sich weder um ein esoterisches Konzept noch um eine ökologisch-politisch korrekte Form der Lebensführung. Das Konzept des Offenen Raumes, in anderen Zusammenhängen auch Digital Detox genannt, ist keine Ideologie.

Es ist eine Reaktion auf eine Tatsache und hilft uns dabei, die negativen Auswirkungen unseres modernen Medienkonsums zu erkennen und zu verringern.

Hierbei ist vor allem das Erkennen von großem Wert: Wenn wir uns bewusst machen, was mit uns passiert, wenn wir bestimmte Dinge tun, dann steigt unsere Entschlossenheit, an diesen Dingen zu arbeiten. So gibt es in der Praxis des Offenen Raumes nicht nur die Empfehlung abzuschalten, sondern auch Strategien dafür, die Unterschiede zwischen dem Zustand des Offenen Raumes und dem Zustand eines unaufmerksamen Medienkonsums bewusst wahrzunehmen.

Wir können uns jeden Morgen nach dem Aufwachen zehn Minuten, 15 Minuten oder sogar eine halbe Stunde Zeit nehmen, in der wir dem medialen Input einen Riegel vorschieben. Diesen ungestörten Raum können wir nutzen, um endlich wieder auf uns selbst zu hören. Wir können ihn gestalten. Auf einmal haben wir nicht nur Raum, sondern auch Zeit, uns etwas Gutes zu tun. Selbst, wenn es nur fünf Minuten sind – es wird sich ein Raum öffnen, in dem etwas Neues, Bewusstes entstehen kann.

Setzen wir diese Methode in die Tat um, werden wir deutlich spüren, wie sich unsere Aufmerksamkeit verändert. Wir können fühlen, dass sie sich ausweitet, wir nehmen unsere Umgebung anders und klarer wahr. Wir nehmen unsere Gedanken und Gefühle klarer wahr.

Vielleicht macht uns dieser Gedanke sogar ein wenig Angst: Was tun mit diesem Raum? Wie fülle ich ihn? Was, wenn ich das, was ich dort wahrnehme, gar nicht sehen will? Was, wenn ich lieber Instagram checke, um mich abzulenken, statt mich mit den Sorgen des Alltags zu konfrontieren?

Objektiv betrachtet verdrängen wir allerdings unsere Sorgen und Probleme nicht durch Ablenkungen wie Instagram und Facebook, im Gegenteil, wir intensivieren sie. Sie werden zu einer unterschwelligen, konstanten Basis unseres täglichen

Fühlens. Sie beschleichen uns als ungutes Gefühl, als negative Grundstimmung begleiten sie uns durch den Tag. Je häufiger dies geschieht, desto häufiger suchen wir nach Ablenkung. Je mehr wir uns vor unseren Gefühlen verschließen, desto dringlicher suchen sie sich ihre Bahn ins Bewusstsein – ob wir wollen oder nicht. Es ist wie ein Staudamm, der den anrollenden Wassermassen nicht mehr standhalten kann: Der Damm bricht, oft plötzlich und an unerwarteter Stelle, aber mit aller Macht. Die daraus entstandenen Situationen sind dann für uns und andere häufig sehr unangenehm.

Doch wir können aus diesem Kreislauf aussteigen – für 30 Minuten, für die ersten Momente unseres Tages, für einen bewussten Start.

Warum wir denken, dass wir müssten

Ein verständlicher Impuls beim Lesen dieser Zeilen ist: «Ja, aber.» Für jede einzelne Nutzungsmöglichkeit des Smartphones gibt es schließlich einen triftigen Grund. Wir müssen die Nachrichten lesen, falls etwas Wichtiges passiert ist. Wir müssen uns über Social Media informieren, falls etwas Wichtiges passiert ist. Und vor allem unsere E-Mails müssen wir sofort checken, falls ... – genau. Unser Chef oder unsere Auftraggeber könnten uns etwas geschrieben haben, das nicht warten kann oder es könnte über Nacht etwas Bewegendes in der Weltpolitik passiert sein.

Das Interessante daran: Dies ist tatsächlich auch die wissenschaftliche Erklärung für unser Online-Verhalten – aber es erfolgt aus einer anderen Motivation heraus, als wir gemeinhin annehmen.

B. F. Skinner, ein amerikanischer Psychologe und Verhaltensforscher, machte vor über 50 Jahren eine Entdeckung: Er fand heraus, dass Mäuse bedeutend häufiger einen Hebel betätigen, wenn sie dafür nur *manchmal* eine Belohnung erhielten, als wenn sie diese *immer* bekamen. Fiel die Belohnung dann auch noch von Mal zu Mal unterschiedlich groß aus, war dies für die Mäuse attraktiver, als wenn sie jedes Mal eine sichere, gleichbleibende Belohnung bekamen. Das Gehirn der Mäuse begann sich bei stetiger Belohnung eher zu langweilen. Daraus schloss Skinner, dass wir stärker von einer Tätigkeit angezogen werden, die uns nur *manchmal* eine Belohnung verspricht, als von einer, bei der wir vorhersagbar und gleichbleibend entlohnt werden. Skinner nannte dies das Random-Reward-Prinzip.

Anhand dieses Prinzips lässt sich zeigen, wie unser Gehirn von der Nutzung des Handys buchstäblich abhängig werden kann, speziell von Diensten wie Onlinenews, E-Mails und sozialen Netzwerken. Beim Konsum dieser Dienste stößt unser Gehirn immer wieder Dopamin aus – ein Hormon, das uns positive Anreize und Antriebe beschert und uns motiviert, das mit seinem Ausstoß assoziierte Verhalten zu wiederholen. Im Volksmund wird Dopamin als Glückshormon bezeichnet, da es uns in einen euphorisierten Zustand versetzt.

In seinem Buch «Digitaler Burnout» schreibt der Informatikprofessor Alexander Markowetz: «Wir schauen regelmäßig in unseren E-Mail-Account, nicht, weil dort tatsächlich *immer* eine wichtige Nachricht ist, sondern weil sie dort sein *könnte*. Wir lesen unentwegt die Onlinenews, nicht, weil es dort *immer* eine brisante Meldung gibt, sondern eben nur *manchmal*.» Er vergleicht unsere Smartphones mit «Spielautomaten in der Hosentasche» (in unserem Fall «Spielautomaten auf dem Nachttisch»), die uns gerade deshalb so sehr abhängig machen, da wir nie genau wissen, ob die gewünschte oder befürchtete Information auftauchen wird oder nicht. Der dadurch erhöhte Dopaminausstoß sorgt für eine Stimulanz unseres Gehirns und Körpers – an die wir uns bei regelmäßigem Gebrauch allerdings gewöhnen, sodass wir die Dosis und Frequenz der Smartphone-Nutzung steigern müssen, um das gleiche gute Gefühl zu erhalten.

Wenn wir uns also sagen, wir müssen unbedingt unser Handy checken, weil etwas passiert sein könnte, das unserer sofortigen Aufmerksamkeit bedarf, dann haben wir – auf eine unerwartete Weise – recht. Gemessen an der Häufigkeit und Intensität unseres Online-Konsums sind jedoch die Momente, in denen eine wirklich brisante Information an uns vorbeigehen könnte, sehr selten. Um es noch einmal zu sagen: Wir verspüren den Drang, Newsfeeds oder unsere Social-Media-Accounts zu checken, nicht wegen der Inhalte, sondern wegen des unbewusst erhofften Dopaminschubs.

Machen die Entwickler dieser Apps und Portale sich das Wissen um unseren Hang zu Random Rewards zunutze? Natürlich tun sie es.

Die Art und Weise, wie viele Onlinenews-Seiten konzipiert sind, ist darauf angelegt, unsere Aufmerksamkeit so effektiv wie möglich zu erhaschen. Die Überschriften, die uns in Vorschauen angezeigt werden, werden regelmäßig aktualisiert – wir bekommen also bei jedem Blick auf den Newsfeed den Eindruck, dass in unserer Abwesenheit etwas Wichtiges, etwas Neues passiert wäre. Schlagworte werden bewusst alarmistisch gewählt, wichtige Informationen vorerst weggelassen – so verbergen sich hinter manch beunruhigenden Schlagzeilen oft relativ harmlose Informationen, die im richtigen Kontext gelesen keinen Anlass zur Sorge hätten geben sollen. Hinzu kommt, dass Facebook und Instagram, aber auch Nachrichtenseiten und Portale wie Reddit als sogenannte Infinity Apps konzipiert sind – ihr Content ist unerschöpflich. Wir können uns stundenlang durch die Feeds klicken und scrollen, ohne einen Endpunkt zu erreichen. Unser Gehirn bleibt in konstanter Alarmbereitschaft und wartet begierig auf den nächsten Dopaminschub, der hinter dem nächsten Link lauern könnte. Oder dem übernächsten. Oder dem danach ... Die schiere Erwartung hält uns bei der Stange, der erhoffte Überraschungseffekt fesselt uns an den Bildschirm.

Die Negativitätstendenz

Unser Gehirn hat eine angeborene Veranlagung dazu, negative Eindrücke und Nachrichten schneller wahrzunehmen als positive und sie darüber hinaus als weitaus wichtiger einzustufen. Studien, in denen die Reaktion von Menschen auf positive, neutrale und negative Eindrücke untersucht wurden, haben dies bestätigt: Die neuronale Aktivität ist dann am höchsten, wenn die Stimulanz negativ ist. Wir werden also von negativen Neuigkeiten und Erlebnissen stärker angezogen und geprägt als von positiven – laut manchen Studien sogar fünfmal so stark.

Diese sogenannte Negativitätstendenz, vermuten die Wissenschaftler, rührt aus einer frühen Entwicklungsphase der Menschheit her, in der wir ständig auf der Hut vor potenziellen Gefahren sein mussten. Zu dieser Zeit, in der uns in jedem Moment ein Mammut oder ein Tiger hätten angreifen können, war es wichtiger, mögliche Gefahren im Auge zu behalten, als sich an einer schönen Blumenwiese zu erfreuen.

Für unsere Vorfahren war die Negativitätstendenz also überlebenswichtig.

Heute ist sie immer noch Teil unserer biologischen und psychologischen Gesamtkonstitution und sorgt dafür, dass wir tendenziell das Gefühl haben, die Welt sei schlechter und chaotischer, als sie es objektiv ist. Wir leben in der friedlichsten Epoche der Menschheitsgeschichte – und durch unsere geographische Lage in Europa am sichersten und politisch stabilsten Ort der Welt. Unsere persönliche Wahrnehmung stimmt mit diesen Tatsachen allerdings oft nicht überein.

Beim Konsum von Nachrichten, Social Media oder E-Mails filtert unser Gehirn also aus Prinzip die negativen Schlagworte, Impressionen und Neuigkeiten deutlicher heraus als die positiven. Wir bekommen daher das Gefühl, dass die Dinge nicht in Ordnung sind. Dieses Gefühl wird zu einer Art grundlegender

Basis unserer Erfahrung und unseres Fühlens, wenn es nicht durch positive Impressionen ausgeglichen wird.

Geschichten, die wir uns erzählen – ein Realitycheck

Wir machen uns, oft unbewusst, zu Abhängigen an der Dopaminausgabestelle unseres Smartphones. Die Geschichten, die wir uns darüber erzählen, wie dringend notwendig und unumgänglich unsere Smartphonenutzung ist, sind am Ende aber nur das: Geschichten. Wir dürfen sie ruhig hin und wieder hinterfragen.

An dieser Stelle kannst du dir ein paar Minuten für eine kleine Selbstreflexion nehmen: den Realitycheck. Diese Übung dauert nur ein paar Minuten, und du benötigst lediglich einen Stift und ein Blatt Papier bzw. einen Computer oder ein Smartphone (ach, wie herrlich ironisch!) – sprich eine Möglichkeit, dir Notizen zu machen.

> Wenn du so weit bist, kannst du für einen kurzen Moment die Augen schließen und drei tiefe Atemzüge nehmen.
> Das bewusste Atmen bringt dich in den Körper und in die Gegenwart. Unsere kreisenden Gedanken können sich kurz entspannen – eine gute Vorbereitung, um aus dem Lesen oder Zuhören in eine konkrete Übung zu kommen. Wenn du drei Atemzüge genommen hast, öffne die Augen.
> Erinnere dich an die letzte Situation, in der du morgens aufgewacht bist und in deinen E-Mails oder Social-Media-Nachrichten eine Information gefunden hast, die so dringend und brisant war, dass du sie unter keinen Umständen eine halbe Stunde später hättest lesen dürfen. Sei dabei ehrlich und realistisch. Denke gut darüber nach und suche keinen schnellen Ausweg, indem du eine un-

wichtige Information hervorkramst und diese im Nachhinein zu einer wichtigen erklärst. Gib dir ein wenig Zeit und notiere in ein paar kurzen Sätzen oder Stichpunkten, was dir dazu im Gedächtnis geblieben ist.

Wenn du so weit bist, beantworte diese zweite Frage: Was wäre das Schlimmste, das hätte passieren können, wenn du diese Nachricht erst später gesehen oder beantwortet hättest? Was wäre der Worst Case? Was wäre deine ultimative Befürchtung?

Wenn du das Worst-Case-Szenario formuliert hast, beantworte noch eine letzte Frage: Auf einer Skala von 1 bis 10 – wie wahrscheinlich ist es, dass der Worst Case wirklich eingetreten wäre?

Möglicherweise fällt dir bei dieser Übung sofort etwas Außergewöhnliches ein, das vor kurzem passiert ist, ein Notruf oder ein Krankheitsfall in der Familie. Lass uns daher noch eine kleine Ehrenrunde drehen:

Denke kurz an eine zweite Situation, die nicht im direkten Zusammenhang zur ersten steht und in der du morgens direkt beim Aufstehen eine Nachricht erhalten hast, die du unter keinen Umständen 15 oder 25 Minuten später hättest lesen dürfen. Was wäre das Schlimmste, das sonst hätte eintreten können? Schätze realistisch auf einer Skala von 1 bis 10 ein: Wie wahrscheinlich war ein Worst-Case-Ausgang?

Wenn es dir geht wie mir, wirst du mit einem leichten Schmunzeln festgestellt haben, dass wir eher selten Nachrichten oder E-Mails von einer solchen Dringlichkeit und Brisanz in unserem morgendlichen Postfach finden, dass wir sie nicht auch später hätten lesen können. Vielleicht hast du sogar festgestellt, dass das Worst-Case-Szenario kein sehr wahrscheinlicher Ausgang der Situation gewesen wäre. Die Szenarien, die wir uns als schlimmsten anzunehmenden Unfall ausmalen, treffen meist nicht ein. Wir erzählen uns selbst gern Geschichten über solche Situationen, in denen wir sie im Nachhinein als wichtiger oder dringlicher bewerten, als sie es tatsächlich waren.

In den meisten Fällen können aber auch selbst gefühlt wichtige Nachrichten für einen gewissen Zeitraum unbeantwortet bleiben.

Mehr E-Mails, höhere Produktivität?

Angenommen, die vorangegangene Übung hätte uns ein wenig die Augen geöffnet, und wir hätten erkannt, dass die meisten unserer E-Mails oder Nachrichten nicht so dringlich sind, wie wir es uns selbst gern weismachen. Trotzdem möchten wir häufig nicht darauf verzichten, den Tag mit der Beantwortung der Mails zu beginnen – wir möchten unseren Kunden oder Vorgesetzten zeigen, dass wir stets zur Verfügung stehen, dass sie immer auf uns zählen können. Wir möchten möglichst produktiv sein.

In der Arbeitspsychologie gibt es den Begriff des «Präsentismus». Er beschreibt das Phänomen, das Mitarbeiter trotz Krankheit oder gesundheitlicher Einschränkungen bei der Arbeit erscheinen – aus Angst vor negativen Konsequenzen. Dieser Präsentismus wird, wen wundert's, von Psychologen nicht als positiv oder förderlich angesehen, im Gegenteil. Die Mitarbeiter zeigen eine deutlich verringerte Leistungs- und Konzentrationsfähigkeit, es kommt zu Fehlern und verlangsamten Abläufen, die Produktivität sinkt. Das Verhalten verursacht faktisch erheblich mehr Kosten, als wenn sich die Mitarbeiter zu Hause auskurieren würden.

Der Begriff des «digitalen Präsentismus» bezieht sich darauf, dass wir in der Online-Welt ein vergleichbares Verhalten an den Tag legen: Wir beantworten Mails lieber schnell als inhaltlich hilfreich, wir versenden wegen Kleinigkeiten Mails an große Verteiler, wir drehen lieber zwei Extrarunden, als uns nachsagen zu lassen, wir hätten nicht schnell genug reagiert. Auch der digitale Präsentismus hat negative Folgen: Abläufe werden verkompliziert und verlängert, und wir evozieren das gleiche Verhalten bei unseren Kollegen. Wenn wir Präsentismus praktizieren, müssen sie reagieren, spielen den Ball an uns und andere Kollegen zurück – und der Kreislauf wird fortgeführt. Schätzungen beziffern den wirtschaftlichen Verlust, der durch digitalen Präsentismus und anderes ablenkendes Arbeitsverhalten ähnlicher Natur entsteht, auf mehrere hundert Milliarden Euro weltweit.

Die Annahme, dass eine größere Mail-Aktivität und eine schnellere Beantwortungsfrequenz zu mehr Produktivität führen, ist ein Trugschluss.

Warum soziale Netzwerke uns unglücklich machen können

Als ich vor einiger Zeit mit meinem Sohn im Kino war, hatte er vergessen, sein Smartphone auszuschalten. Während des Filmes rief ihn ein Freund an, mein Sohn drückte den Anruf weg und stellte das Handy aus. Als der Film zu Ende war, sah ich, dass er noch Nachrichten mit seinem Freund schrieb, und da es bereits spät am Abend war, bat ich ihn, dies für heute zu lassen. Ich wollte nicht, dass er den Freund aufweckt oder wach hält. Das, was es zu sagen gab, konnte sicher bis morgen warten.

Mein Sohn war von dieser Bitte alles andere als begeistert – er erklärte mir, dass sein Freund sich große Sorgen mache, da er ihn vorhin im Kino habe wegdrücken müssen. In der letzten Stunde hatte er ihm mehrere Nachrichten geschrieben und sich erkundigt, ob alles in Ordnung sei oder etwas passiert sei. Er sah schon die Freundschaft in Gefahr. Für meinen Sohn war es sehr wichtig, ihm nun so schnell wie möglich zu antworten und ihn zu beschwichtigen. Mit der Freundschaft war alles okay.

Die beiden Jungen waren zu diesem Zeitpunkt elf Jahre alt.

Der Erwartungsdruck, auf allen Kanälen und immer für unser Umfeld erreichbar zu sein, ist für niemanden etwas Positives. Und er beginnt viel zu früh, schon im Kindesalter. Wir erzeugen durch die permanente Erreichbarkeit ständig Störungen in den Abläufen unseres Tages. Wenn wir beim Essen mit Freunden sitzen, ein intensives Gespräch führen oder einen Film auf Netflix gucken, selbst in Ruhe- und Regenerationsphasen werden wir unterbrochen. Gleichzeitig unterbrechen wir ständig unsere Mitmenschen. Unsere Präsenz in gleich mehreren sozialen Netzwerken und Messengern führt zu einer Reiz- und Informationsüberflutung, deren Folgen wir uns gerade erst beginnen bewusst zu werden.

Eigentlich sollten uns soziale Netzwerke glücklich machen, schließlich sind wir Menschen soziale Wesen und fühlen uns gut, wenn unser Umfeld uns wahrnimmt und bestätigt. Doch dieser Wunsch nach Aufmerksamkeit und der damit verbundenen Belohnung wird durch die neuen Medien so sehr vergrößert, dass wir den selbstgesetzten Ansprüchen nicht mehr gerecht werden können. Wir Menschen sind biologisch so ausgestattet, dass wir einen regelmäßigen Kontakt zu etwa 150 Menschen pflegen können, ohne überfordert zu sein. Bei 2000 Facebook-Freunden, 3000 Twitter-Followern und einem Adressbuch von 400 Personen geraten wir also in Schwierigkeiten. Der Wunsch, all unseren vermeintlichen oder echten Kommunikationsverpflichtungen von E-Mail über WhatsApp bis hin zu Facebook gerecht zu werden, ist nicht zu erfüllen. Also entwickeln wir Schuldgefühle, fühlen uns sozial oder arbeitstechnisch nicht engagiert genug, nutzen das Smartphone bis zum letzten Moment vor dem Schlafengehen – und sobald wir die Augen wieder aufmachen. Somit setzen wir uns konstant dem Dopaminspiel der Random Rewards, den Einflüssen der Negativitätstendenz, den Auswirkungen des digitalen Präsentismus und dem Informationsüberfluss aus. Denn es wird nie genug sein. Wie oft haben wir das Gefühl, nach einem Tag voller virtueller Kommunikation erschöpft zu denken, wir hätten rein gar nichts an diesem Tag geschafft? Ich persönlich: viel zu oft!

Kämpfen oder Flüchten?

Studien belegen immer konkreter, dass intensiver Konsum von sozialen Netzwerken negative Konsequenzen für unseren psychischen Zustand haben kann. Probleme wie Depressionen und Angststörungen haben in den letzten 20 Jahren massiv zugenommen, was von Experten u. a. zurückgeführt wird auf die fehlende Trennung von Arbeit und Privatleben (begünstigt durch digitale Medien) und einem dadurch permanent erhöhtem Stresslevel.

Diese Auswirkungen potenzieren sich, wenn wir negativer Kommunikation im Internet begegnen, wie zum Beispiel Hatespeech oder Cybermobbing, um zwei Begriffe zu bemühen, die in den letzten Jahren immer häufiger fallen.

In diesem Zusammenhang möchte ich auf eine weitere Reaktion unseres Gehirns eingehen, die neben der Negativitätstendenz für uns Menschen in Vorzeiten überlebenswichtig war (und in Extremsituationen immer noch ist); es handelt sich um die bekannte Fight-or-Flight-Reaktion, also kämpfen oder weglaufen.

In bedrohlichen Situationen stößt unser Körper Fight-or-Flight-Hormone aus, zum Beispiel Cortisol und Adrenalin, um unseren Körper in erhöhte Alarmbereitschaft zu versetzen. Diese hilft uns in der realen Welt, schneller entscheiden und reagieren zu können, wenn wir einer unmittelbaren Gefahr ausgesetzt sind. Leider unterscheidet unser Gehirn nicht wesentlich zwischen einer realen Gefahr und einer gefühlten Gefahr – wie zum Beispiel negativen Kommentaren, Gewaltandrohungen oder Beleidigungen im Internet. Diese «virtuellen Gefahren» rufen dieselbe Kampf-oder-Flucht-Reaktion bei uns hervor. Wenn wir online Hasskommentare oder Ähnliches lesen, produziert unser Körper jedes Mal Cortisol – mit schwerwiegenden Folgen: Medizinische Studien belegen, dass ein häufig erhöhter Cortisol- und Adrenalinspiegel zu Gewichtszunahme, Verdauungsproblemen, Angstzuständen und Schlafstörungen führen kann. Wenn wir uns also regelmäßig mit Online-Nachrichten, negativen Impulsen und erschreckenden Informationen beschäftigen, setzen wir unser Fight-or-Flight-System in konstante Alarmbereitschaft – und uns selbst dadurch unter echten, völlig realen Stress.

Musterunterbrechung

Ein kompletter Verzicht auf die Nutzung sozialer Netzwerke, E-Mails oder Online-Nachrichtendienste ist für die meisten von uns unpraktisch bis utopisch. Er scheint Menschen vorbehalten, deren Berufs- und Privatleben völlig unabhängig von modernen Medien funktioniert – mein Großvater ist 103 und gehört zu dieser Spezies. Dennoch lohnt es sich unbedingt, bewusster und reflektierter mit unserem Medienkonsum umzugehen. Ein erster Schritt dazu ist die Aufmerksamkeit für das, was wir normalerweise unbewusst, als Automatismus, tun. Dafür ist es hilfreich, einen Rahmen zu schaffen, in dem sich diese Aufmerksamkeit entwickeln kann: der Offene Raum.

Bei mir kam dieser Offene Raum zunächst unabsichtlich und zu einem Zeitpunkt zustande, an dem die digitalen Medien noch lange nicht so fortgeschritten waren, wie sie es heute sind: Er begegnete mir in Form meines implodierten Fernsehers.

Nachdem 2000 mein erstes Album «Feuerwasser» erschienen war, war ich viel unterwegs: zu Festivalauftritten, Studiosessions oder guten Restaurants (wie sprachen ja bereits über Ablenkung und Kompensation ...). Wenn ich nach einer längeren Reise zwischendurch kurz zu Hause war, habe ich abends ferngesehen – um mich, wie ich glaubte, zu entspannen. Zu meiner Verteidigung kann ich sagen: Meistens waren es Musiksendungen, spezielle Dokumentationen, mit Themen, die mich inspiriert haben. Aber wenn ich ehrlich bin, gab es Tage, an denen ich bis in die frühen Morgenstunden einfach nur die Sender rauf und runter gezappt habe – das inzwischen etwas angestaubte Äquivalent zum heutigen Webbrowsen und Öffnen von unzähliger Tabs.

An einem dieser Abende klingelte das Telefon, während ich gerade eine besonders gute Musikdoku («Wattstax», unbedingt zu empfehlen!) angeschaut habe. Ich meine mich zu erinnern, dass das Telefonat etwas mit einer damaligen Liaison zu tun hatte. So oder so, das Gespräch war unangenehm, und aufgeregt habe ich mich definitiv. Plötzlich schoss eine Stichflamme aus meinem Fernseher – das Ding war implodiert. Endlich hatte ich einen triftigen Grund aufzulegen! Ich ging zum Fernseher und sah vorsichtig nach dem Rechten: Es war nichts Schlimmes passiert, aber der Kasten war hinüber. Er war ohnehin alt, hatte eine miese Auflösung und steckte in einem hässlichen braunen Pressspanklotz. Während des Tages hielt ich ihn von einem Tuch bedeckt, er fungierte als Ablage für Bücher und Vinyle. Trotzdem mochte ich ihn, ich hatte ihn ein paar Jahre zuvor von meiner verstorbenen Großtante vermacht bekommen – zusammen mit einem Schrank, in dem mein Plattenspieler und meine Platten standen. Davor stand ein Hocker, auf dem ich oft gesessen und viele meiner bisherigen Songs geschrieben hatte.

Ich muss an dieser Stelle zugeben, dass ich in mancherlei Hinsicht unfassbar faul bin – eine meiner schlechtesten Eigenschaften. Gleichzeitig ist es eine meiner besten, denn manchmal führt Faulheit auch zu etwas Gutem: In diesem speziellen Fall war ich monatelang schlichtweg zu bequem, mir einen neuen Fernseher zu kaufen. Ich habe zwar immer wieder daran gedacht, es zu tun, fand aber die Vorstellung, zu einem Elektronikfachmarkt zu fahren, mich dort beraten zu lassen und viel Geld auszugeben, viel zu anstrengend und zeitaufwendig.

Nachdem mein Fernseher den Geist aufgegeben hatte, habe ich mich oft dabei ertappt, dass ich, kaum hatte ich das Wohnzimmer betreten, die Fernbedienung in die Hand nahm, um das Gerät einzuschalten. Manchmal habe ich erst nach einem kurzen Moment gemerkt, dass das gar nicht mehr geht: Der automatische Griff zur Fernbedienung war zu einer solchen Gewohnheit geworden, dass es einer intensiven Bewusstwerdung bedurfte, um sie aufbrechen zu können (du ahnst, wohin das hier führt).

In diesen Momenten war mein erster Gedanke: Was mache ich jetzt nur stattdessen? Da die damalige Surfgeschwindigkeit angesichts eines 56k-Modems ziemlich zu wünschen übrig ließ, machte es keinen großen Spaß, im Netz herumzuklicken. Und da mich die vierzigste Runde «Civilization» auch nicht mehr vom Hocker riss, entstand ein Loch in meiner sonst so automatisierten Abendgestaltung. Also habe ich begonnen, mich in dem entstandenen Offenen Raum meinen Vinylen, dem Plattenspieler, meinem Textbuch und meinem Musikequipment zu widmen. Diese Zeit war vermutlich die produktivste in meiner musikalischen Karriere. Es war die Zeit, in der ich mein zweites Album «Von innen nach außen» geschrieben habe.

Fun Fact, die zweite: Als ich nach Indien reiste, um «mich selbst zu finden», fand ich am zweiten Tag meines Aufenthalts zuerst etwas ganz anderes: nämlich mein Smartphone nicht mehr. Es war mir beim Rikschafahren wohl aus der Hosentasche gerutscht – und hat einen indischen Fahrer wohl sehr glücklich gemacht. Ich selbst war eher weniger glücklich: Katastrophe! Unmöglich, die nächsten Wochen ohne Handy zu überleben!

Die Lösung: indischer Handyshop, ein 10-Euro-Telefon (Spiel zum digitalen Zeitvertreib: Sudoku) und eine indische Prepaid-Karte. Meine nächsten zwei Monate waren phantastisch. Niemand hatte meine indische Nummer – yay! –, ich konnte mich nur mit Sudoku ablenken – ein bisschen weniger yay! –, und ich fand heraus, dass ein 15-Euro-Guthaben in Indien unendlich lange hält, selbst wenn man nach Deutschland telefoniert – super yay!

Nun müssen wir nicht gleich unser Smartphone in Rikschas deponieren oder unseren Fernseher zum Implodieren bringen, um das erste O, den Offenen Raum, praktizieren zu können. (Obwohl ich glaube, dass der Mord an unserem Handy unter Umständen eine sehr befriedigende Sache sein kann – wenn auch eine kostspielige.) Vielmehr müssen wir lediglich entscheiden, dass wir es uns selbst wert sind, diesen Schritt zu tun. Dass unsere geistige Verfassung es uns wert ist. Oder zumindest dass uns das Experiment interessiert: 30 Tage lang jeden Morgen keine digitalen Medien.

Was wird passieren? Wirst du etwas Weltbewegendes verpassen? Wirst du vielleicht zum ersten Mal etwas wirklich Weltbewegendes erfahren – zum Beispiel, wie es dir eigentlich geht?

Wenn wir uns einen Offenen Raum eingerichtet haben, können wir ihn mit positiven, hilfreichen Gedanken und Übungen füllen. Davon handeln die weiteren Punkte von OOOO+X.

O wie Obama

Wer nun noch den letzten Schubser in die richtige Richtung braucht, dem möchte ich den inoffiziellen Namensgeber des ersten O vorstellen, den ehemaligen Präsidenten der Vereinigten Staaten von Amerika. Meine Damen und Herren, begrüßen Sie mit mir: Barack Obama!

Während meiner Recherche zu OOOO+X bin ich auf die Morgenroutine von Obama aufmerksam geworden. Meistens ist zu lesen, dass der ehemals mächtigste Mann der Welt seinen Tag im Fitness- und Kraftraum beginnt (ich bin sicher, das Weiße Haus hat da einen eigenen, dezent ausgestatteten Bereich). Obama tobt sich dort also 45 Minuten aus, frühstückt anschließend mit seiner Familie und kümmert sich dann um seine täglichen Aufgaben. Im Rahmen eines Interviews berichtete er noch von einem weiteren Aspekt seiner Morgenroutine: Er checkt bis nach dem Frühstück mit seiner Familie keine Nachrichten oder Messengerdienste – und bekommt keine Briefings. Das passiert erst, wenn sein Arbeitstag wirklich losgeht. Der Grund? Für Barack Obama ist es wichtig, sich morgens körperlich und geistig klar auszurichten und auf die essenziellen Dinge zu besinnen – ganz ohne Ablenkung von außen. Denn nur aus dieser gestärkten Position heraus konnte er den anstrengendsten Job der Welt bewältigen. Diese Zeit, die er sich morgens nimmt, ist für ihn absolut notwendig, um im Anschluss eine gute Performance hinlegen zu können.

Und seien wir ehrlich: Wenn der Präsident der Vereinigten Staaten es schafft, am Morgen ein gewisses Zeitfenster einzuplanen, in dem er weder seine E-Mails liest noch die Nachrichten checkt – was ist dann dein Argument, es zu tun?

Den Offenen Raum praktizieren

Du kannst direkt beginnen. Nimm dir jeden Morgen eine festgelegte Minutenanzahl Zeit, um einen Offenen Raum zu kreieren. Plane so, dass du möglichst alle Entschuldigungen und Ausflüchte vorher aus dem Weg räumst. Du kannst dir diesen Offenen Raum erlauben! Nimm ihn dir ganz für dich: Tanke auf, meditiere, schau aus dem Fenster, schmecke den Kaffee, praktiziere OOOO+X.

Hier kommen einige hilfreiche Strategien und Hacks:

– Kauf dir einen Wecker
Einen echten. Einen Old-School-Wecker, der nur eine einzige Funktion hat: dich zu wecken. Wenn der erste Griff nicht zum Smartphone geht, ist das Muster bereits unterbrochen. Nutze diese Möglichkeit!

– Verzichte auf den Snooze-Button
Vor dem Aufwachen aktiviert dein Körper diverse Funktionen, um dir dabei zu helfen. Durch Snoozen sendest du ihm uneindeutige Signale: wach werden, doch wieder schlafen, doch wach werden. Dadurch wirst du nicht ausgeruhter, sondern schläfriger. Dieser Zustand kann bis zu zwei Stunden nach dem Aufstehen anhalten.

– Keine Smartphones, Tablets und Laptops im Schlafzimmer
Wenn du zuerst zu den Geräten hinlaufen musst, kann deine Faulheit sogar dein Unterstützer werden.

– Flugmodus ON
Wenn dein Handy dein Wecker sein *muss*, nutze den Flugmodus über Nacht. Du musst dann morgens zumindest einen zusätzlichen Schritt unternehmen, um Pandoras Box zu öffnen.

Mit angeschaltetem Flugmodus kannst du am Morgen auch Musik, Hörspiele oder Vorträge hören – sie haben absolut Platz im Offenen Raum.

– Pushfunktionen OFF
Sollte die Nutzung deines Handys wirklich unbedingt notwendig sein, sei smart. Lass Nachrichten nicht automatisch auf deinem Bildschirm erscheinen, entscheide dich bewusst dazu, sie abzurufen – oder nicht.

– Lege dir selektierte Kontaktlisten an
Wenn du für bestimmte Menschen erreichbar sein musst, dann lass es auch nur diese wenigen sein: Lege eine Kontaktliste an, und schalte alle anderen Kontakte für diese Zeit ab.

– Denke bereits am Abend zuvor daran, was du dir vornimmst
Wenn du dir kurz vor dem Einschlafen vornimmst, am Morgen den Offenen Raum zu praktizieren, wachst du mit größerer Entschlossenheit auf.

– Beobachte, was passiert
Zu Beginn kann der entstehende Raum ungewohnt sein. Gib dir ein wenig Zeit, sei aufmerksam und nachsichtig mit dir selbst. Lass ihn sich entwickeln. Die anderen Elemente von OOOO+X helfen dir dabei, ihn zu nutzen und mit ihm zu arbeiten.

– Hol dir Unterstützung
Teile dein Vorhaben mit deiner Partnerin oder deinem Partner, einer Freundin oder einem Freund. Lass dich darin unterstützen. Auf www.curse.de findest du praktische Tipps und Erfahrungen von anderen, die diese Methode schon länger praktizieren. Lass dich inspirieren!

– Formuliere dein Vorhaben konkret: Schreibe ein Commitment, ein Versprechen an dich selbst
Schreibe auf, was du dir vornimmst, wie viel Zeit du dir dafür gibst und warum es dir wichtig ist. Sei so genau und klar wie möglich. Verbinde das Warum mit einem starken Gefühl. Schreibe dein persönliches Commitment jetzt auf oder nutze die untenstehende Inspiration.

Mein Versprechen an mich selbst

Ich werde mir ab .... einen Offenen Raum einrichten. Ich schenke mir dafür jeden Morgen .... Minuten. Ich werde dies .... Tage lang tun. Dann werde ich schauen, was diese Methode bei mir bewirkt hat – bis dahin bleibe ich dabei!

Mir ist es wichtig, mir diesen Offenen Raum einzurichten, weil ....
....
....

....
Unterschrift, Datum

DAS ZWEITE O: OBRIGADO
WIE DANKBARKEIT UNS STÄRKT UND GLÜCKLICH MACHT

«Wäre das Wort ‹Danke› das einzige Gebet, das du je sprichst, so würde es genügen.»
Meister Eckhart

Ein Experiment, Teil 2

Bereit für eine kleine Fortführung unseres Experiments vom Anfang des Buches?

> Nimm dir ein paar Augenblicke Zeit. Finde eine bequeme Sitzhaltung, entspann dich, schließe deine Augen und genieße für einen Moment die Ruhe. Wenn du so weit bist, nimm drei tiefe Atemzüge. Spüre, wie dein Körper sich weitet und wieder zusammenzieht. Vielleicht spürst du sogar, wie die Luft durch deine Nasenflügel ein- und ausströmt. Kehre nach den drei tiefen Atemzügen zurück zu einer normalen, gleichmäßigen Atmung. Gib dir einen Moment Zeit. Erinnere dich nun an etwas, wofür du gerade Dankbarkeit empfindest. Das, was als Erstes kommt, ist absolut in Ordnung. Es geht nicht darum, sich etwas Außergewöhnliches auszudenken. Vielleicht erinnerst du dich an einen schönen Tag im Urlaub, an den Moment, an dem du einer bestimmten Person zum ersten Mal begegnet bist, oder an etwas Kleines wie das perfekte Croissant zum Frühstück? Mache dir das, wofür du dankbar bist, so detailliert wie möglich bewusst. Wie fühlt es sich an, wie sieht es aus, wie klingt es? Ist die Situation warm oder kalt, hell oder dunkel?
> Bleib dabei entspannt und achte darauf, dass du ruhig und gleichmäßig weiteratmest. Verbinde dich mit dem Gefühl, dass diese Person oder Situation in dir auslöst. Schau, wie intensiv du diese Dankbarkeit spüren kannst. Dann lass die Bilder und Geschichten einfach los. Was bleibt, ist das Gefühl von Dankbarkeit, Freude und Verbundenheit. Verweile einen Moment bei diesem Gefühl. Genieße es. Gibt es in deinem Körper einen Ort, an dem du es fühlst?

> Kannst du dieses Gefühl von dort auf den gesamten Körper ausdehnen, vielleicht sogar über deinen Körper hinaus? Es ist nicht wichtig, wie gut dir das gelingt. Interpretiere nicht. Verweile einen Moment, dann öffne die Augen.

Obrigado

Obrigado ist die männliche Form des portugiesischen Wortes für «Danke». Ähnlich wie in dem englischen «to be obliged» und dem deutschen Wort «Obligation» schwingt in ihm das Konzept des Verbundenseins mit. Obrigado meint also nicht nur ein reines «Dankeschön», sondern impliziert auch die Tatsache, dass wir eine Verbindung zu dem Objekt unserer Dankbarkeit spüren.

Um das aktive und bewusste Praktizieren von Dankbarkeit als stärkende Ressource geht es beim zweiten «O» in OOOO+X.

Wenn wir morgens nach dem Aufstehen einen Offenen Raum eingerichtet haben, dann sind wir frei zu wählen, womit wir diesen Raum füllen. Wir können sogar wählen, ob wir ihn überhaupt mit etwas füllen wollen. Allein ihn zu haben, ohne durch Medienkonsum abgelenkt zu sein und unter Anspannung zu stehen, ist bereits ein Gewinn. Ein Schritt zu etwas mehr Freiheit. Vielleicht fühlt sich der Teppich unter unseren Füßen anders an? Anders, als wenn wir dabei E-Mails lesen und mit unserer Aufmerksamkeit gar nicht erst bei dem Gefühl unserer Füße sein können? Mitunter fühlen wir uns etwas klarer? Leichter, vielleicht. Theoretisch ...

Das klingt verlockend. Manchmal klappt es auch. Doch im Alltag stellen wir genauso oft fest, dass unsere Gedanken und Empfindungen nicht so frei und plüschig-weich sind, wie wir uns das wünschen. Unsere innere Stimme ist nicht wohlwollend, achtsam oder wertschätzend. Stattdessen treibt sie uns an, kritisiert uns. Wir denken an Dinge, die uns Sorgen bereiten.

An das, was wir erledigen müssen, was wir nicht geschafft haben. Wir denken an Dinge, die wir vermeintlich nicht im Griff haben.

Wenn wir morgens aufwachen, sind unsere ersten Gedanken: «Mist, ich habe nicht genug geschlafen.» «Ich habe nicht genug Zeit vor der Arbeit, um mich wirklich um mich selbst zu kümmern.» «Ich bin nicht vorbereitet genug auf die Prüfung, die ich heute ablegen muss.» Von den Dingen, die wir uns wünschen, wie Schlaf, Vorfreude, Erholung, haben wir nicht genug. Wir denken darüber nach, dass der gestrige Abend nicht lang genug war oder wir im Gegenteil nicht früh genug zu Hause gewesen sind – erinnerst du dich an den Hotelzimmermorgen, den ich im ersten Kapitel beschrieben habe? Wir bereuen, nicht genug Zeit mit unserem Partner verbracht zu haben. Wir schauen sogar in den Kleiderschrank und meinen, dass wir trotz 24 verschiedener Hosen nicht genug zum Anziehen haben.

Unsere Negativitätstendenz, der wir im Kapitel über den Offenen Raum bereits begegnet sind, spielt uns übel mit. Wir neigen dazu, den Mangel in unserem Leben deutlicher zu sehen und zu spüren als die Dinge, die bereits genügend oder sogar im Überfluss vorhanden sind.

Wir meinen, noch lange nicht an dem Punkt im Leben angekommen zu sein, an dem wir uns einigermaßen wohl mit uns selbst und unserer Situation fühlen dürften. Dafür haben wir einfach noch nicht genug geleistet!

Durch diese Art zu denken bekommen wir das Gefühl, dass sogar wir selbst als Mensch nicht «genug» sind. Wir neigen zu Selbstkritik und führen innere Dialoge darüber, was wir schon wieder alles nicht richtig gemacht haben. Und dann sorgen alle um uns herum ständig dafür, dass es uns noch schlechter geht, der Chef, die Kollegen, die Politik – manchmal scheint es, als hätten sich alle gegen einen verschworen. Wir fühlen uns uns selbst und der Welt ausgeliefert.

Um uns in diesen Momenten zu stärken, praktizieren wir Dankbarkeit.

Dankbarkeit ist nicht «Positives Denken»

Eine ernste Krankheit, schwerwiegende finanzielle Schwierigkeiten oder eine tiefe persönliche Krise – diese Dinge sind relevant und erfordern unsere Aufmerksamkeit. Es bringt nichts, sie schönzureden oder zu versuchen, sie «wegzudenken». Auf Dauer wird uns das sowieso nicht gelingen. Der positive Aspekt unserer Negativitätstendenz ist die Problemlösung: Wir erkennen, dass etwas verändert werden muss, und können handeln. Das ist gut und absolut nützlich. Wir wollen (und können!) die Negativitätstendenz nicht abschalten. Doch wir können ihr etwas zur Seite stellen. Eine zweite, genau so wichtige und akkurate Perspektive auf unsere Realität: den Blick für die Dinge, die bereits *vorhanden* sind.

Die Dankbarkeitspraxis, wie wir sie in OOOO+X üben, hat sehr wenig mit dem zu tun, was wir gemeinhin «Positives Denken» nennen. Es geht nicht darum, die Welt durch eine rosarote Brille zu sehen oder ständig vor dem Spiegel lächeln zu üben, damit das Leben schöner aussieht. Tony Robbins hat positives Denken einmal damit verglichen, sich in den Garten vor das Unkraut zu stellen, die Augen zu schließen und laut zu sagen: «Da ist kein Unkraut, da ist kein Unkraut, da ist kein Unkraut!» Denn öffnen wir danach die Augen, stehen wir, Überraschung, immer noch inmitten von Unkraut. Dann sind wir enttäuscht, dass unsere Affirmation nicht funktioniert hat, und geben auf. Im schlechtesten Fall befinden wir uns gleich wieder im «Nicht genug»-Denken: Wir haben offensichtlich nicht positiv genug gedacht, um ein Ergebnis zu erzielen. Bei allen anderen, die uns diese Methode empfohlen haben, funktioniert es bestimmt viel besser als bei uns, wir sind wohl wieder mal unfähig.

Durch klassisches positives Denken geraten wir leicht in eine solche Negativspirale. Das ist tragisch, paradox – und geholfen ist uns damit auch nicht.

Wahre Dankbarkeitspraxis unterscheidet sich davon sehr. Wir wollen das Unkraut nicht ignorieren, aber wir wollen den Blick *zusätzlich* auf die Blumen lenken! Wir sehen den Wald vor lauter Bäumen nicht, wir sehen den Garten vor lauter Unkraut nicht. Den Blick auf die Blumen zu richten führt nicht dazu, dass wir weniger Unkraut auszureißen haben. Er führt dazu, dass wir das Unkraut rupfen, weil wir wissen, wofür wir es tun. Er führt dazu, dass wir trotz des Unkrauts den Blick für die Tulpen nicht verlieren, die wir freilegen wollen. Oder für die wilden Erdbeeren, die sich unter dem Unkraut verstecken, und die auf den ersten Blick sogar selbst aussehen wie Unkraut. Wir brauchen, wie so oft, Aufmerksamkeit für das, was da ist. Für alles, was da ist.

Oder nehmen wir ein anderes Bild und stellen uns unsere Wahrnehmung als Waage vor. Die Seite, auf der die negativen Tendenzen liegen, wiegt schwerer als die andere. Angenommen, wir versuchen jetzt, diese Seite frei zu räumen, dann hätte das zwei unliebsame Auswirkungen: Zum einen würden wir Gefahren und Unrecht weniger erkennen und dadurch unsere Handlungs- und Entscheidungsfähigkeit eindämmen. Und zum anderen würden wir daran verzweifeln, dass wir die negative Seite der Waage nie ganz leeren könnten.

Anstatt die Gewichte auf der einen Seite der Waage also mit großer Anstrengung zu entfernen, legen wir einfach ein paar Gewichte auf die andere Seite der Waage: indem wir unsere Aufmerksamkeit auf Dinge lenken, für die wir dankbar sind. Wir reflektieren für einige Momente bewusst das, was in unserem Leben bereits zufriedenstellend, was vorhanden ist, wie etwa gute Freunde, eine komfortable Wohnsituation oder hin und wieder ein kühles Bier. Wir rufen uns die Dinge vor Augen, für die wir nichts Zusätzliches leisten müssen, besser aussehen müssen, mehr arbeiten müssen, uns mehr anstrengen müssen oder ein spirituellerer Mensch werden müssen. Dinge, die gut sind, wie sie sind.

Dankbarkeit als Praxis

Wenn du mich zu Hause besuchen würdest, würde dir auffallen, dass ich keine richtige Küche habe. Ich liebe es zu kochen, ich koche sogar sehr viel, so viel, wie es mir mit meinen reduzierten Mitteln möglich ist. Vielleicht würde dir auch auffallen, dass meine gesamte Einrichtung recht minimalistisch ist. Zugegeben, das liegt nur zum Teil daran, dass mir ein minimalistischer Einrichtungsstil aus ästhetischen Gesichtspunkten gefällt. Der andere Teil der Wahrheit ist, dass ich keine Zeit habe, mich intensiv mit einer detailreichen Einrichtung zu beschäftigen – denn wenn ich Zeit habe, dann nutze ich sie, um zu reisen. Und selbst wenn ich Zeit hätte, hätte ich wahrscheinlich für eine perfekte Wohnungseinrichtung kein Geld. Denn wenn ich Geld habe, nutze ich es, um zu reisen.

Gibt es ein Gegenteil von Teufelskreis? Dieser Begriff wäre wahrscheinlich der richtige, um die Situation zu beschreiben. Ich nutze meine Zeit und mein Geld, um zu reisen, selbst wenn es nur kleine Ausflüge sind und keine Weltumrundungen. Wenn ich reise, bekomme ich eine andere Perspektive auf mein eigenes Leben. Meine persönliche Situation erscheint mir zwar nicht weniger real oder dringlich, aber es gelingt mir, wenn auch nicht immer, sie in einem größeren Zusammenhang zu sehen. Das hilft mir dabei, mich zu entspannen und nicht alles, was geschieht, persönlich zu nehmen.

Wenn ich unterwegs bin, habe ich oft das Gefühl, dass ich aufmerksamer auf die Welt schaue. In einem kleinen Buchladen in Sidney entdeckte ich zum Beispiel ein Buch, auf das ich unter anderen Umständen vielleicht gar nicht geachtet hätte.

Die Schrift auf dem Cover war in einem leicht reflektierenden Pink und Türkis designt – nicht gerade meine persönlichen Lieblingsfarben. Trotzdem sah ich mir dieses Buch an, schlug es auf und begann ein paar Passagen zu lesen. Ich habe es direkt gekauft und verschlungen.

Der deutsche Titel lautet «Verletzlichkeit macht stark». Die Autorin, Brené Brown, ist Professorin am Graduate College of Social Work in Houston und forscht zu Themen wie Verletzlichkeit, Scham und Resilienz, also der Widerstandsfähigkeit von Menschen in Extremsituationen. Interessanter Seiteaspekt: Sie selbst sieht sich nicht als besonders «gefühlige» Person, und der Gedanke, Verletzlichkeit und Offenheit könnten positive Auswirkungen haben, war ihr suspekt. Faszinierenderweise konnte sich die Wissenschaftlerin erst auf ein so «weiches» Thema wie Dankbarkeit einlassen, als die Ergebnisse ihrer jahrelangen Forschungen ihr keine andere Wahl mehr ließen.

Brené Brown fand in ihren Studien zur Resilienz heraus, dass Personen, die eine gewisse systematische Form der Dankbarkeitspraxis praktizieren, eine besonders hohe Resilienz entwickeln. Diese Menschen erlebten zwar genauso viel Stress, schwierige Situationen oder «Unkraut» wie andere, hatten aber bessere Fähigkeiten entwickelt, mit diesen Dingen umzugehen.

Als «Dankbarkeitspraxis» bezeichnen wir eine Methode oder eine Übung, die das Gefühl von Dankbarkeit aktiv kultiviert. Das Wort «aktiv» ist hier bedeutend: Es gibt einen entscheidenden Unterschied zwischen dem bloßen Fühlen von Dankbarkeit in Situationen, in denen sie uns quasi überkommt, und einer Praxis, in der wir uns Dankbarkeit gezielt ins Bewusstsein rufen.

Das Dankbarkeitsjournal

Um eine aktive Dankbarkeitspraxis zu entwickeln, stehen uns mehrere Methoden zur Verfügung, die jede auf ihre Weise effektiv und hilfreich ist. Ein wichtiger Bestandteil all dieser Übungen ist das Aufschreiben, das Nach-außen-Bringen unserer Erfahrung. Die Methode, die in diesem Zusammenhang wissenschaftlich am besten erforscht ist, ist das Dankbarkeitsjournal.

Um ein Dankbarkeitsjournal zu beginnen, brauchst du im Grunde nur einen Stift und ein Blatt Papier. Jede andere Möglichkeit, dir Notizen zu machen, tut es auch. Wenn du willst, kannst du dir hierfür auch ein eigenes Buch kaufen oder die Templates auf www.curse.de verwenden.

Die Praxis besteht daraus, jeden Tag, vielleicht direkt nach dem Aufstehen im Offenen Raum, einige Dinge aufzuschreiben, für die du dankbar bist. Sie müssen keinen inhaltlichen Regeln folgen – sie sind völlig individuell und persönlich. Es kann sich um kleine Dinge handeln: der Ausblick aus dem Fenster oder die Tatsache, dass endlich mal wieder die Sonne scheint. Vielleicht bist du dankbar für eine kleine Notiz, die dir deine Partnerin gestern Abend auf dem Küchentisch hinterlassen hat. Diese Notiz hat dich an eure Verbindung erinnert, hat dir ein Gefühl von Liebe und Geborgenheit gegeben. Dafür bist du dankbar.

Es kann aber auch etwas Großes sein, wie zum Beispiel die Geburt eines Kindes oder das Bestehen einer Prüfung.

Wichtig für das Dankbarkeitsjournal ist weder die Größe noch die Bedeutung der Sache, für die wir dankbar sind, sondern das Gefühl, das wir damit verbinden. Daher ist es auch völlig unwichtig, ob das, wofür wir dankbar sind, es objektiv betrachtet «wert» ist. Es ist egal, was unser Nachbar oder unsere Freunde über unsere Dankbarkeit für diese Sache denken würden oder zu sagen hätten. Da das Dankbarkeitsjournal eine sehr persönliche, ja intime Sache ist, ist es sogar unerheblich, ob die Gesellschaft als ganze unser spezielles Objekt der Dankbarkeit gutheißen oder gar als wertvoll einschätzen würde. All diese Überlegungen können wir für unsere Dankbarkeitspraxis über Bord werfen. Es geht ausschließlich um uns und um unser Gefühl.

Die Ergebnisse aus den wissenschaftlichen Studien von Brené Brown legen nah, täglich nicht weniger als drei Dinge und nicht mehr als zehn aufzuschreiben, damit unser Fokus weder zu eng noch zu arbiträr ist. Ich persönlich schreibe meistens drei Dinge auf. Für mich ist das ausreichend, um den Effekt der Praxis zu spüren. Wenn ich inspiriert bin, schreibe ich natürlich auch mehr. Probiere es aus, aber gib dir die Zeit und den Raum, ein paar Dinge zu entdecken – vor allem, wenn es dir zu Beginn etwas schwerer fallen sollte.

Wenn du das zweite O in Form des Journals täglich praktizierst, stellst du dir vielleicht die Frage, ob du an verschiedenen Tagen auch dieselben Dinge aufschreiben kannst – ja, natürlich! Wenn du über einen gewissen Zeitraum hinweg immer mit einem tiefen Gefühl der Dankbarkeit für eine bestimmte Sache oder einen bestimmten Menschen aufwachst, dann ist es absolut legitim, dieses auch in das Dankbarkeitsjournal zu schreiben. Aber: Achte darauf, ob du dies vielleicht tust, um «schnell mit der Sache fertig zu werden» – wir tendieren ja durchaus dazu, uns selbst hinters Licht zu führen. Wird die Praxis zum Automatismus, verliert sie an Effekt.

Das Dankbarkeitsjournal sollte keine Routinearbeit sein, die du einfach so abspulst. Es ist entscheidend, dass du die Dankbarkeit, über die du schreibst, auch fühlen kannst. Ich persönlich brauche immer ein paar Momente der Reflexion, bevor ich mit dem Aufschreiben beginne. Das liegt daran, dass ich innerlich ständig Pro-und-Contra-Dialoge fabriziere und mir manchmal zu viele Gedanken über einfache Dinge mache. Mein Kopf beginnt mir dann erst mal zu erzählen, warum ich für bestimmte Erlebnisse nur teilweise dankbar sein kann oder welche Gefahren oder negative Seiten eine bestimmte Situation hat. Vielleicht bin ich ein spezieller Fall, doch meine Negativitätstendenz ist sehr geschickt in ihrer Argumentation.

Ich versuche in solchen Momenten, ein wirkliches Gefühl dafür zu entwickeln, wofür ich jetzt, so wie ich gerade sitze und dieses Journal schreibe, Dankbarkeit empfinde. Ich versuche, meine plappernde innere Stimme dadurch zu beruhigen, dass ich mir die Emotion so intensiv wie möglich herbeirufe. Hierfür kann die Übung vom Beginn dieses Kapitels hilfreich sein. Wenn es dir an manchen Tagen so geht wie mir, dann kannst du sie für ein paar Minuten üben, bevor du in dein Dankbarkeitsjournal schreibst.

Dieser Form der Eigenzensur und Einwände, der Wenns und Abers, können wir zusätzlich mit einem kleinen, aber sehr gewichtigen Wort entgegenwirken: mit dem Wort «weil». Wenn wir reflektieren, *warum genau* wir dankbar sind, festigt sich das Gefühl erheblich. Ich bin dankbar dafür, gesund zu sein – aber was genau ermöglicht mir diese Gesundheit? Was kann ich erleben und tun, *weil* ich fit und gesund bin? Was bedeutet meine Gesundheit für mich? Wir müssen auch hier keine philosophische Abhandlung verfassen oder uns zu viele Gedanken machen. Es geht um die tiefe innere Verbindung zu dem, was wir schreiben.

Ein weiterer Vorteil des Wortes «weil»: Es ersetzt das Wort «aber». In meiner persönlichen Dankbarkeitspraxis erlaube ich es mir manchmal gar nicht, dankbar zu sein, da mir sofort ein Aber in den Sinn schießt.

Nehmen wir an, ich bin dankbar für mein reichhaltiges und gesundes Frühstück. Doch gerade als ich das aufschreiben will, fallen mir die vielen Menschen ein, die kein Frühstück zu sich nehmen können, geschweige denn ein gutes. Ist es nicht arrogant, in Anbetracht dieser Situation dankbar für mein Frühstück zu sein?

Dieses Aber mag plausibel klingen, allerdings schneide ich mich durch diese Art des Denkens von Dankbarkeit ab. Ich untersage mir, mich dankbar und verbunden zu fühlen. Dabei ist Dankbarkeit alles andere als egoistisch. Dankbarkeit führt zu Wertschätzung, und diese wiederum ist die Basis für eine innige Verbindung zu anderen Menschen und unserer Umwelt.

Vielleicht geht es dir ähnlich, vor allem, wenn es sich um materielle Dinge handelt, für die wir Dankbarkeit empfinden – vielleicht für unsere schöne Wohnung, unser bequemes Bett oder auch für das neue Paar Schuhe, das wir uns endlich gekauft haben. Das Aber schleicht sich ein und möchte uns glauben machen, es sei nahezu unmoralisch, dafür Dankbarkeit zu empfinden. Vielleicht sind diese Gedanken und Einwände ethisch nachvollziehbar und sorgen dafür, dass wir uns nicht zu sehr auf uns selbst fixieren, sondern auch an andere denken. Das Gleiche erreichen wir jedoch, wenn wir das Wort «aber» durch das Wort «weil» ersetzen: Ich kann dankbar für mein gutes Frühstück sein, *weil* es viele Menschen gibt, die kein Frühstück gegessen haben. Ich nehme in diesem Moment mein Frühstück nicht mehr als etwas Selbstverständliches wahr, das ich einfach so konsumiere, ohne weiter darüber nachzudenken, sondern als etwas Besonderes.

Das Wort «weil» intensiviert also unsere Aufmerksamkeit für andere Menschen und für unsere Umwelt. Wenn wir uns unser Dankbarkeitsjournal aufbewahren, können wir es an schwierigen Tagen zur Hand nehmen und lesen, für wie viele Dinge wir in den vergangenen Wochen und Monaten bereits dankbar waren. Das Journal kann als Erinnerung daran fungieren, dass es bereits eine große Anzahl solcher Situationen und Menschen in unserem Leben gibt – auch wenn wir dies gerade nicht deutlich spüren können.

Durch eine regelmäßige Dankbarkeitspraxis füllen wir nicht nur die Seiten des Buches, sondern auch unsere Reserven für schwierige Zeiten.

Dankbarkeit bei Depressionen

Es kann in Einzelfällen sein, dass wir zu Beginn der Dankbarkeitspraxis ein dumpfes Gefühl entwickeln, weil wir partout nichts finden können, für das wir dankbar sind. Intellektuell und objektiv betrachtet ist uns klar, dass wir für unser gutes Leben oder für unsere gesunde Familie Dankbarkeit empfinden sollten. Dennoch tun wir es nicht, uns fehlt die Möglichkeit, uns mit diesem Gefühl wirklich zu verbinden. Bleibe dann bei den oben beschriebenen Methoden, gib nicht auf und führe das Journal auch über einen längeren Zeitraum hinweg.

Hin und wieder begegne ich allerdings Menschen, die an einer klinisch diagnostizierten Depression leiden und dadurch größere Schwierigkeiten mit der Dankbarkeitspraxis haben. Obwohl sie die Praxis verstehen und für wertvoll erachten, erschwert ihre derzeitige gesundheitliche Lage die Durchführung. Die Betroffenen sind oft sehr reflektiert und können ihre Probleme mit den Übungen und die dadurch entstehenden Gefühle sehr präzise benennen. Allein das ist schon sehr bewundernswert. In den gemeinsamen Gesprächen filtern wir dann die Möglichkeit heraus, uns auf die ganz wesentlichen und grundlegenden Dinge zu konzentrieren.

Auch auf die Gefahr hin, kitschig zu klingen, möchte ich einige dieser Dinge benennen: Allein die Tatsache, dass wir morgens aufgewacht sind, bedeutet, einen neuen Versuch unternehmen zu können. Wir sind aufgewacht und können den Tag als neue Chance sehen, etwas zu verändern. Das ist etwas ganz Basales, Bodenständiges. Ein «hard fact» des Lebens. Auch wenn es uns extrem schwerfällt und wir unsere Situation als aussichtslos empfinden: Solange wir morgens aufwachen, ist das Potenzial zur Veränderung vorhanden.

Einige Menschen, die durch eine Depression Schwierigkeiten mit der Dankbarkeitspraxis haben, finden es hilfreich, sich mit dem Atem zu verbinden. Wenn wir einfach nur sitzen und atmen, können wir auf eine grundlegende Art spüren, dass wir lebendig sind. Wir sitzen, atmen, müssen nichts tun oder erreichen. Vielleicht empfinden wir für diesen einen Moment ein bisschen Dankbarkeit. Aus eigener Erfahrung weiß ich, dass depressive Zustände nicht mit einem «Sieh doch mal das Schöne» oder «Denk mal positiv» zu verändern sind. Wenn du das Gefühl hast, dich mit Depressionen konfrontiert zu sehen, suche dir bitte unbedingt professionelle Unterstützung. Die Dankbarkeitspraxis kann begleiten und helfen, sie ist jedoch kein Ersatz für eine Therapie.

Der Dankbarkeitsspaziergang

Eine weitere Möglichkeit, Dankbarkeit in unseren Alltag zu integrieren, ist der Dankbarkeitsspaziergang. Unser Weg zur Schule, zur Universität, zum Einkaufen oder zur Arbeit eignet sich dafür. Das Besondere hierbei ist, dass wir die Erlebnisse unseres Alltags und unserer täglichen Wege in eine Erfahrung von Dankbarkeit und Verbundenheit transformieren.

Wir können ausprobieren, wie es ist, wenn wir das Haus verlassen und bewusst die Aufmerksamkeit auf die Dinge, Menschen oder Situationen lenken, für die wir dankbar sind. Das kann etwas Kleines und Natürliches sein, wie zum Beispiel die Tatsache, dass die Blätter sich im Herbst langsam färben und unsere Straße in eine bunte Farbenwelt verwandeln. Weil wir gezielt unsere Aufmerksamkeit auf Dinge lenken, die uns in diesem Moment Dankbarkeit empfinden lassen, wird uns ihre positive Qualität mitunter überhaupt erst bewusst.

Vielleicht begegnen uns auf unserem Dankbarkeitsspaziergang Situationen, in denen wir uns in der Interaktion mit anderen Menschen beobachten können. Wir können dankbar sein für diese Begegnungen oder für die Freundlichkeit und Großzügigkeit, die wir in kleinen Gesten und Blicken erkennen können. Zugegeben, wahrscheinlich treffen wir nicht nur auf warmherzige, sympathische Menschen: Wir werden schief angeguckt, angerempelt oder in der Bahn gequetscht. Der Kioskverkäufer grüßt uns nicht freundlich zurück. Wir sehen die obdachlose Frau auf der anderen Straßenseite. Ein unangenehmes Gefühl macht sich in unserer Magengrube breit.

Solche Begegnungen können wir nutzen, uns dankbar bewusst zu werden, dass wir bestimmte Sorgen und Probleme anderer Menschen nicht durchstehen müssen. Trotzdem können wir sie mitfühlen, wenn wir ihnen aufmerksam und mit klarem Blick begegnen. Das führt übrigens nicht dazu, dass wir uns selbst erhöhen und auf andere Menschen herabblicken, sondern zu einem Gefühl der Verbundenheit oder des positiven Mitgefühls.

Ob wir daraus resultierend mehr Motivation dafür entwickeln, anderen Menschen zu helfen, wird sich zeigen. Die Chancen dafür stehen jedenfalls gut.

Vielleicht ist allein die Tatsache, dass wir uns unserer eigenen Lebenssituation in Wechselwirkung mit der Situation anderer bewusster werden, ein sehr guter erster Schritt. Erinnerst du dich? Alles, worauf Aufmerksamkeit fällt, verändert sich. Nimm dir nach dem Dankbarkeitsspaziergang ein paar Minuten Zeit und schreibe auf, was du erfahren hast. Dieser Abschluss ist wichtig und hilfreich.

Das Ford-Fiesta-Prinzip

Wer meine Musik kennt, der weiß vielleicht, dass ich in mehreren Songs meinen Ford Fiesta erwähne. Dieser Running Gag begann auf meinem ersten Album, als ich meinen Opel Kadett zu Schrott gefahren und mir schnell aus dem Bekanntenkreis ein neues Auto besorgt hatte: eben diesen Ford Fiesta. «Am Fiesta blättert der Lack ab», hieß es dann in einem Song meines ersten Albums «Feuerwasser». Etwa zur gleichen Zeit erschien der Song «Ich lebe für Hip Hop» (DJ Tomekk featuring GZA, Prodigal Sun, Stieber Twins und meiner einer), in dem ich mich als «Ford-Fiesta-Geisterfahrer» bezeichnet habe.

Ich kaufte mir also eines Tages einen weißen Ford Fiesta. Bei allem Respekt – ein Ford Fiesta ist natürlich nicht vergleichbar mit einem Ferrari oder einem Bentley. Er ist kein Auto, das mir oder anderen im normalen Straßenverkehr normalerweise auffallen würde. Doch in den darauffolgenden Tagen und Wochen sah ich immer mehr weiße Ford Fiesta auf der Straße. Hatte sich die Zahl der weißen Ford Fiesta in Köln erhöht? Waren ganz viele andere Menschen zeitgleich mit mir auf dieselbe Idee gekommen?

Nein, natürlich nicht. Es gab genauso viele weiße Ford Fiesta in der Stadt wie vorher, plus einem (meinem). Mein Gehirn hatte aber die Botschaft bekommen, dass es sich lohnt, darauf zu achten. Die Information «Da ist ein weißer Ford Fiesta» drang plötzlich durch meine Wahrnehmungsfilter hindurch in mein aktives Bewusstsein.

Dieses Phänomen kennen wir alle: Sobald wir uns intensiver mit einem Thema oder einem gewissen Objekt beschäftigen, haben wir das Gefühl, ihnen in unserem Alltag vermehrt zu begegnen.

Diese natürliche Funktion unseres Gehirns machen wir uns beim zweiten O zunutze. Da wir für ein paar Momente am Tag bewusst unsere Aufmerksamkeit auf die Dinge lenken, für die wir dankbar sind, geben wir unserem Gehirn den Impuls dazu, im weiteren Verlauf des Tages geschärfte Aufmerksamkeit auf ähnliche Situationen zu richten. So programmieren wir es, uns immer wieder Dinge ins Bewusstsein zu bringen, für die wir ebenfalls dankbar sein, die wir als positiv und wundervoll wahrnehmen können.

Auf diese Weise können wir der schweren Seite der Waage, auf der die Negativitätstendenz ihre Arbeit verrichtet, etwas

Positives entgegensetzen. Wir kreieren unsere eigene «Positivitätstendenz».

Ich rede hier von kleinen Schritten. Doch wenn wir im Laufe des Tages nur fünf- bis siebenmal ein kurzes Gefühl von Dankbarkeit bekommen, von dem Gefühl, «es ist genug vorhanden», wird die Qualität des Tages und unserer Stimmung deutlich verbessert. Machen wir uns also das «Ford-Fiesta-Prinzip» zunutze!

Die Widmung

Die folgende Übung kennst du so oder so ähnlich vielleicht schon, wenn du Yoga praktizierst oder meditierst. Sie hilft uns auch bei der Dankbarkeitspraxis.

> Such dir einen ruhigen Ort und setze dich bequem hin. Wenn du möchtest, kannst du die Augen schließen, sie aber auch geöffnet lassen, um deine Umgebung wahrzunehmen. Nimm zu Beginn wieder drei tiefe Atemzüge und lass Körper und Geist zur Ruhe kommen.
> Wenn du am Abend übst, dann blicke auf den Tag zurück und reflektiere, für welche Momente du heute dankbar warst. Praktizierst du sie am Morgen, kannst du dir vorstellen, auf welche Erfahrungen und Ereignisse des bevorstehenden Tages du dich freust. Auch hier gilt wieder: Es können kleine Momente sein. Erlaube deiner Vorstellungskraft, für dich zu arbeiten.
> Sammle diese Freuden, Vorfreuden und deine Dankbarkeit innerlich an. Sieh die Situationen und die Menschen vor dir, erlebe sie mit all deinen Sinnen, spüre in sie hinein.
> Nun rufe dir eine bestimmte Person oder mehrere Personen, mit denen du diese schönen Erinnerungen oder diese positive Vorfreude teilen möchtest, ins Gedächtnis. Das

können Menschen sein, die Teil deines täglichen Lebens sind, aber auch solche, die weit entfernt von dir leben, die du selten siehst und sprichst oder sogar Menschen, die bereits verstorben oder noch nicht geboren sind. Wenn du möchtest, kannst du sogar darüber hinausgehen und deine Freude und Vorfreude mit allen Menschen teilen oder an alle Lebewesen denken. Schaue einfach, was sich für dich in diesem Moment richtig und gut anfühlt. Es gibt keine Regeln, außer dass du dich mit dem Gefühl innig verbinden kannst.

Finde deinen eigenen, ganz persönlichen Weg, um deine Freude, Vorfreude und positive Erfahrung mit diesen Menschen zu teilen. Vielleicht kannst du sogar über konventionelle Vorstellungen hinausgehen und deine Gefühle als Licht oder Wärme wahrnehmen? Vielleicht ist dein Gefühl auch jenseits von Bildern und Konzepten? Auch das ist absolut in Ordnung.

Stell dir vor, wie du selbst die kleinste Erfahrung von Freude zu etwas Großem und Universellem machst, um sie mit diesen Personen zu teilen. Stell dir vor, wie das Lächeln des Bäckers, über das du dich heute Morgen gefreut hast, alle Menschen und den ganzen Globus umfasst. Du kannst dir vorstellen, wie dein schmackhaftes Frühstücks-Croissant zu acht Milliarden Croissants wird und die ganze Menschheit ernährt.

Lass deiner Phantasie freien Lauf und schaue, was passiert. Bleibe dabei immer in Kontakt mit dem Gefühl der Dankbarkeit und der Verbundenheit zu anderen Menschen.

Du meinst, das gelänge dir nur, wenn du irgendwann einmal *unendlich viel* Freude zur Verfügung hättest? Dann stelle dir genau das jetzt vor! Stelle dir vor, du würdest so viel Dankbarkeit und Freude in dir tragen, dass sie selbst dann nicht erlischt, wenn du alles, aber auch wirklich alles von ihr verschenkst.

Lasse nun alle Konzepte, Bilder und Ideen von dir gehen und verweile ein paar Augenblicke in diesem Gefühl.

Wenn du möchtest, kannst du im Anschluss ein paar Sätze über deine Erfahrung in dein Dankbarkeitsjournal schreiben.

Obrigado praktizieren

Aktiv praktizierte Dankbarkeit ist eine klare und wirksame Methode, um mehr Ausgeglichenheit, Freude und Resilienz in unser Leben zu bringen. Sie ist gleichzeitig ein schönes Experiment, um zu erforschen, was passiert, wenn wir unserer Negativitätstendenz und unserem Mangeldenken etwas Positives zur Seite stellen. Wir können 23 Stunden und 55 Minuten am Tag gerne unseren alten Denkmustern verhaftet bleiben, uns darin suhlen und winden. Aber die restlichen fünf Minuten des Tages verwenden wir darauf, eine einfache Routine in unserem Leben zu verankern, die uns Dankbarkeit näherbringt und dadurch den Automatismen entgegenwirkt, die uns schwächen und abwerten.

In diesen fünf oder zehn Minuten, diesen drei oder sieben aufgeschriebenen Dingen, in diesen kurzen und kraftvollen Meditationen, hier, in der Obrigado-Praxis von OOOO+X, richten wir unsere Aufmerksamkeit bewusst auf Dinge, die in unserem Leben – und das ist der Schlüssel – *bereits vorhanden sind.*

Dinge, für die wir nichts mehr tun müssen, für die wir uns nicht mehr anstrengen müssen, die bereits im Überfluss da sind. Auf Dinge, die nicht perfekt sein müssen, um bereits perfekt zu sein: So, wie sie sind.

– Reflektiere ihren Wert
Entwickle ein Gefühl dafür, was eine Dankbarkeitspraxis für dich verändern kann. Wie könnte dein Leben durch sie werden?

– **Finde dein Warum**
So hast du eine klare, starke Motivation zu praktizieren.

– **Nimm dir eine feste Zeit**
Wenn du OOOO+X als Morgenroutine praktizierst, lenkst du direkt nach dem Aufwachen deine ersten Gedanken des Tages auf die Dinge, für die du dankbar bist. Das ist ein unschätzbar wertvoller Start in den Tag. Alternativ dazu kannst du die Zeit vor dem Schlafengehen für die Obrigado-Praxis nutzen, weil du die positiven Aspekte des Tages noch einmal Revue passieren lassen und besser zur Ruhe finden kannst. Gerade für Menschen, die dazu neigen, vor dem Einschlafen noch Probleme zu wälzen oder sich in gedankliche Teufelskreise zu verstricken, ist der Abend ein guter Zeitpunkt. Wenn ein anderer besser in deinen Alltag passt, ist das kein Problem. Hauptsache, du nimmst ihn dir.

– **Führe ein Dankbarkeitsjournal**
Die Dinge aufzuschreiben macht sie greifbarer. Außerdem hast du so immer eine Schatztruhe voller guter Erinnerungen für harte Zeiten.

– **Nutze die Meditationen und den Spaziergang**
Möchtest du dich noch intensiver in die Dankbarkeitspraxis hineinbegeben, mache vor dem Schreiben im Journal eine der oben beschriebenen Übungen.

– **Gib der Methode Zeit, um zu wirken**
Angewohnheiten verschwinden – und kommen – nicht über Nacht. Ein einzelner Tag Dankbarkeitspraxis wird nicht alle Tendenzen der letzten Jahre verändern. Doch es geht schneller, als du denkst. Bleibe aufmerksam und vertraue darauf, dass die Veränderung eintreten wird.

– Formuliere dein Vorhaben konkret: Schreibe ein Commitment, ein Versprechen an dich selbst
Nutze dafür deine Erfahrung mit dem Commitment des Offenen Raumes. Achte auch hier darauf, dass du dein Was, dein Wieviel und dein Warum so klar wie möglich formulierst.

Mein Versprechen an mich selbst

Ich werde ab .... jeden Tag .... Dinge aufschreiben, für die ich dankbar bin. Hinter jedem dieser Dinge addiere ich das Zauberwort «weil», um mich noch intensiver mit dem Gefühl zu verbinden. Ich werde dies .... Tage lang tun. Dann werde ich schauen, was diese Methode bei mir bewirkt hat – bis dahin bleibe ich dabei!

Mir ist es wichtig, die Obrigado-Methode zu praktizieren, weil
....
....
....

....
Unterschrift, Datum

DAS DRITTE O: OM
**MEDITATION OHNE
RÄUCHERSTÄBCHEN UND
KLANGSCHALEN**

«Alle deine Gedanken und Empfindungen können Teil deiner Meditation sein.»
Tarthang Tulku

Oooooooooooooom – bloß nicht?!

Om – da kommen uns direkt Bilder von bärtigen Yogis in den Sinn, die, der Welt entrückt, in konstanter Ekstase leben, ein exotisches Szenario, das wir selbst nie erfahren werden. Oder wir sehen gestresste Großstädter in aufpolierten Yogastudios vor uns, die gerade noch den dritten Flat White in sich hineingekippt haben und jetzt 60 Minuten lang so tun, als wären sie entspannt. Om? Nein, das ist nichts für uns.

Überhaupt, Meditation – muss man da nicht stundenlang unbeweglich im Schneidersitz die Wand anstarren und an nichts denken? Dafür sind wir doch viel zu aktiv! Ein bisschen gute Musik zu hören und die Gedanken schweifen zu lassen ist doch auch Meditation, oder? Warum noch eine spezielle Methode lernen? Außerdem: An nichts zu denken, das klappt bei uns eh nicht, dafür sind wir einfach zu unruhig. Zugegeben, Meditieren würde uns bestimmt guttun, wir sollten wirklich mal wieder ein bisschen entspannen – nächste Woche vielleicht. Gerade haben wir keine Räucherstäbchen zur Hand, und außerdem ist die Projekt-Deadline morgen, da können wir es uns wirklich nicht erlauben, jetzt runterzufahren.

Um Meditation ranken sich unzählige Vorstellungen und Vorurteile. Du hast viele davon sicher schon gehört oder sogar selbst erlebt. Die Vorurteile stammen aus alten Kung-Fu-Filmen mit hochkonzentriert vor sich hin starrenden Mönchen, aus romantisiert-exotischen Vorstellungen von fremden Kulturen, aus unseren Yogastudios oder unseren Phantasien und Klischees über diese Yogastudios und ihre Besucher. Wir schnappen hier und da etwas auf – gab es da nicht neulich einen Bericht über Achtsamkeit in Schulen? – und lesen Meinungen Dritter. Die Artikel «Meditation hilft bei Angststörungen» und «Achtsamkeit macht egozentrisch» werden am selben Tag in unserem Facebook-Feed geteilt. Wie soll da noch jemand durchblicken?

Dabei ist Meditation, der dritte Baustein von OOOO+X, erstaunlicherweise erst einmal völlig neutral. Sie ist etwas absolut Bodenständiges. Sie ist kein Dogma. Sie hat keine exotische Identität. Sie ist das Gegenteil von «fremd», da sie sich mit einer ganz konkreten Sache beschäftigt: mit uns selbst, mit unserem eigenen Geist, mit unserer eigenen Situation.

«Mit Meditation meinen wir etwas sehr Grundsätzliches und Einfaches, das nicht an irgendeine bestimmte Kultur gebunden ist», schreibt demnach auch Chögyam Trungpa in «Das Buch vom meditativen Leben» (Zitat-Übersetzung von mir).

Trungpa Rinpoche (das Wort «Rinpoche» bedeutet «kostbar» und ist ein tibetischer Ehrentitel für besondere spirituelle Lehrer) floh in den 60er Jahren vor der chinesischen «Kulturrevolution» aus Tibet und kam über Indien nach Schottland. Zusammen mit Chime Rinpoche und Akong Rinpoche war er einer der ersten drei tibetischen Lamas (spirituelle Lehrer), die in einem westlichen Land lebten. Sie leisteten große Pionierarbeit, die buddhistischen Methoden einem europäischen Publikum nahezubringen. In den von Hippies und Revolutionsgeist geprägten Sechzigern muss die Jungs-WG dieser drei Lamas in ihren traditionellen Roben eine Wahnsinnssache gewesen sein.

«Wir sprechen von einer sehr grundlegenden Handlung: auf dem Boden zu sitzen, eine gute Haltung einzunehmen und einen Sinn für unseren Platz auf dieser Erde zu entwickeln; dafür, an Ort und Stelle zu sein», schreibt Trungpa Rinpoche.

Wenn wir uns hinsetzen und atmen, können wir uns selbst erleben – so, wie wir sind. Wir beginnen, ein Gefühl für unseren «Platz auf dieser Erde» zu entwickeln. Dafür müssen wir weder mit aller Macht versuchen, unsere Gedanken abzuschalten, noch in einer besonderen Position ausharren.

Natürlich, es gibt in den verschiedenen meditativen Traditionen spezielle Arten des Sitzens – doch sie wurden entwickelt, um uns die Meditation so zugänglich wie möglich zu machen. Spezifische Meditationshaltungen, wie zum Beispiel «Die Sieben Gesten», von denen wir gleich noch sprechen werden, dienen immer der Entspannung, nicht der Anspannung. Um zu meditieren, muss man genau genommen noch nicht mal im Schneidersitz sitzen. Wer mag, setzt sich einfach auf einen Stuhl.

Genauso wenig benötigen wir, um unseren «Platz auf der Erde» einzunehmen, exotische Gegenstände, Rituale oder Hilfsmittel wie Räucherstäbchen, Weltmusik (was ist das überhaupt?), Buddhastatuen oder Klangschalen. Diese Dinge sind je nach persönlicher Vorliebe natürlich nicht hinderlich, können uns im Gegenteil sogar dabei helfen, in eine bestimmte Stimmung zu kommen, in der uns das Meditieren leichter fällt – alles gut! Aber sie sind eben keine Voraussetzung dafür.

Viele Dinge, die wir mit Meditation assoziieren, sind eher kulturell bedingt als spirituell oder praktisch. Ein weiterer Fun Fact an dieser Stelle: Klangschalen gab es früher in Tibet gar nicht. Dzongsar Khyentse, ein hoher tibetischer Lama, Autor und Filmregisseur (u. a. «The Cup», sehr zu empfehlen!) erzählt, wie ein geschäftstüchtiger Händler wohl einmal damit begonnen hat, Klangschalen unter diesem Etikett auf Märkten zu verkaufen. Aufgrund ihres großen Erfolges sind sie seitdem auch in Tibet erhältlich – für die Meditation werden sie allerdings nicht zwingend gebraucht. Ich persönlich mag ihren Klang trotzdem.

Mach dich mit dir selbst bekannt

Unsere geistige Aktivität beeinflusst direkt unser Wohlbefinden – das können wir in der Praxis des Offenen Raumes und der Dankbarkeit sehen und spüren. Äußere Einflüsse und innere Filter interagieren konstant miteinander und gestalten unsere

Wahrnehmung. Die Bühne, auf der das Schauspiel von Emotionen, Impulsen, Erinnerungen und Präferenzen stattfindet, ist unser Geist. Das, was auf dieser Bühne geschieht, ist unsere Realität. Technischer ausgedrückt ist der Geist das System, in dem unsere mentalen Aktivitäten zusammenlaufen und miteinander agieren.

Um dieses System und seine Wirkweisen besser zu verstehen, ist es hilfreich, es sich genau anzuschauen. Die wahrscheinlich älteste Methode zur Betrachtung unseres eigenen Geistes ist die Praxis der Meditation.

Meditation ist nicht Religion und nicht Philosophie. Was ist sie dann? Das Wort «Meditation» zu definieren ist nicht leicht, denn zu meditieren hat weniger mit starren Definitionen oder Konzepten zu tun als vielmehr mit Offenheit, Flexibilität und Bewegung – und gleichzeitig mit Präzision. Das, was wir unter dem Wort «Meditation» verstehen, ist nicht mit einem einzigen Begriff zu fassen.

Man sagt, es gebe in den zwei großen Eskimo-Sprachen Inuit und Yupik weit über 40 Worte für «Schnee» – jedes einzelne davon beschreibt präzise eine bestimmte Art von Schnee, dessen Beschaffenheit und Eigenarten. Eine Unterhaltung über Schnee kann auf Inuit also sehr exakt und voller Nuancen geführt werden. Für das Wort «Eis» gibt es dort sogar noch mehr, noch differenziertere Begriffe. Ähnlich ist es im Sanskrit oder im Tibetischen mit den verschiedenen Worten für «Geist» und «Meditation».

Sakyong Mipham, Oberhaupt der Shambhala-Tradition des tibetischen Buddhismus (und der Sohn von Chögyam Trungpa), verwendet das tibetische Wort «Gom», wenn er die Grundlagen der Meditation erklärt. «Gom» bedeutet so viel wie «sich mit etwas bekannt machen». Das, womit wir uns in der Meditation bekannt machen, ist die Natur unseres Geistes.

Um eine etwas allgemein gehaltene, aber dennoch nützliche Definition zu verwenden, können wir also sagen: Meditation besteht darin, dass wir uns mit den Vorgängen, Bewegungen, Eindrücken und Eigenschaften unseres eigenen Geistes bekannt machen. Durch die Praxis der Meditation können wir Bewusstheit für das entwickeln, was sonst meist auf einer unbewussten Ebene abläuft: unsere Gedanken, unsere Gefühle, unsere Emotionen, Muster und Reaktionen.

Im Alltag reflektieren wir häufig nicht, warum wir in einer bestimmten Situation diese oder jene Sache gesagt, warum wir emotional auf die eine oder andere Art reagiert haben. Zwar schießen uns für ein bestimmtes Verhalten scheinbar plausible Erklärungen in den Kopf; wir sind schließlich reflektierte Menschen und können logisch begründen, warum wir sauer geworden sind, als wir länger als zehn Minuten für einen Kaffee anstehen mussten. An einem anderen Tag würde uns das Warten allerdings gar nichts ausmachen, und wir würden einfach mit einer anderen Person in der Schlange ein nettes Gespräch beginnen. So sind unsere Reaktionen auf die Dinge und die Art, wie wir über sie denken, nicht primär das Produkt der äußeren Ereignisse an sich, sondern ein Produkt unserer inneren Vorurteile und Urteile über das, was gerade passiert.

Als ich mit dem Meditieren begonnen habe, habe ich meinen Geist erschreckend oft dabei «erwischt», wie er rastlos von einem Thema zum nächsten springt. Gerade war ich gedanklich doch noch so schön meditativ bei meiner Atmung – und auf einmal sind meine Gedanken bei meinem letzten Aufenthalt in Hamburg. Wie bin ich da jetzt gelandet? Mein Geist bildet ständig Assoziationsketten, die mich auf absurde Weise von A nach X kommen lassen: So fällt mein Blick kurz auf die Jeans meines Sitznachbarn, und ich denke daran, dass es mal wieder an der Zeit wäre, eine neue Hose zu kaufen. Es wäre doch perfekt, dafür in mein Lieblingsgeschäft in Köln zu gehen. Gleich um die Ecke ist ja diese gute Eisdiele, in der mir die Verkäuferin letztes Mal den Kuchen im Café gegenüber empfohlen hat, der fast so gut geschmeckt hat wie der von meiner Oma, den wir immer an ihrem Küchentisch gegessen haben. Dieser Tisch war einer von diesen Sechziger-Jahre-Plastikkonstruktionen, und darauf stand oft eine Butterdose mit so einer silbernen Glocke. Solche benutzt man heute ja kaum noch, außer in Sternerestaurants vielleicht. Kam so eine Butterglocke nicht auch in einem dieser Louis-de-Funès-Filme vor, wie hieß der noch? Den könnte ich heute Abend doch mal wieder schauen, wenn ich mit der Meditationssession fertig bin. Oh! Meditationssession! Da war ja was.

Unser Geist hat die Tendenz abzudriften. Das ist normal und nichts, gegen das wir ankämpfen müssten. Wenn wir mit dem Meditieren beginnen, helfen uns einfache und erprobte Methoden dabei, dieses Abdriften vielleicht zum ersten Mal bewusst zu erkennen – und es nicht so schwerzunehmen. Wir können lernen, entspannt damit umzugehen und sanft zu uns selbst zu werden, auch wenn wir dabei Wertungen, negativen Selbstbildern oder aggressiven Gedanken begegnen sollten. Für den Moment darf das so sein. Alles keine große Sache.

Im Gegensatz zum Klischee der glückselig vor sich hin meditierenden Grinsemönche geht es beim Meditieren also nicht darum, sich von unerwünschten Gedanken zu «reinigen» oder möglichst viel Positives zu denken. Es geht um «Gom» – darum, uns mit uns selbst bekannt zu machen. In all unseren Facetten.

Liegen oder sitzen?

Wie können wir damit beginnen, unseren «Platz auf der Erde» einzunehmen?

Spontan würden einige sicherlich am liebsten im Liegen meditieren, weil sie es aus der Ruheposition im Yoga, dem Shavasana, kennen oder weil sie meinen, so besser zu entspannen. Einige buddhistische Traditionen sehen das auch durchaus vor.

Interessanterweise ist die Meditation im Liegen allerdings eher eine Technik für Fortgeschrittene: Unser Körper ist es gewohnt, in den Ruhe- oder Schlafmodus zu schalten, sobald wir uns hinlegen. Eine geführte Trance oder Übungen wie autogenes Training funktionieren im Liegen sehr gut – wenn wir allerdings mit dem Meditieren beginnen, empfiehlt es sich zunächst zu sitzen. So können wir leichter eine entspannte, aber wache Aufmerksamkeit entwickeln.

«Wenn wir zurückblicken auf die Geschichte unseres Lebens seit unserer Geburt, seit wir begannen, zur Schule zu gehen – wir haben nie wirklich gesessen. Wir haben vielleicht manchmal ‹abgehangen› und uns fürchterlich gelangweilt und uns dafür selbst bemitleidet. (…) Doch wir haben nie gesessen, als wären wir ein Felsen. So sieht's nämlich aus», schreibt Trungpa in «The Path is the Goal» (Zitat übersetzt von mir).

Um unseren eigenen Geist zu betrachten, um seine Mechanismen und eventuellen Verwirrungen anschauen zu können, aber auch um unsere generelle Gutheit erfahren zu können, dafür üben wir in OOOO+X die Praxis der Meditation. Grundlegend, einfach und klar.

Die Sieben Gesten

Wir setzen uns also hin. Nach ein paar Minuten drückt unser Knie, unser Nacken verspannt sich, wir bekommen einen trockenen Mund. Ruck, zuck sind die ersten Minuten der Meditation vorüber, und wir haben das Gefühl, lediglich unsere kleinen Wehwehchen bemerkt zu haben.

Grundsätzlich ist das nicht schlimm. Es gibt allerdings einige Methoden, um entspannt und gleichzeitig aufrecht und präsent sitzen zu lernen – was sich beruhigend und stabilisierend auf unsere Praxis auswirken kann.

Eine einfache Übung dafür ist mir im tibetischen Yoga,

Kum Nye genannt, begegnet, sie heißt «Die Sieben Gesten». Ich schildere sie im Folgenden aus meiner persönlichen Perspektive, kann der Leserin und dem Leser aber nur allerwärmstens ans Herz legen, die Abschnitte über die Sieben Gesten im Original nachzulesen. Zu finden sind sie u. a. in Tarthang Tulkus Büchern «Kum Nye – Selbstheilung durch Entspannung» und «Tibetische Entspannung – Kum Nye – Massage und Yoga». Dort schreibt er: «In dieser Haltung kann die Energie ohne Behinderung fließen, und im Laufe der Zeit wandeln sich allmählich alle geistigen und physischen Energien um in positive und heilsame Empfindungen». In den Sieben Gesten zu sitzen ist jedoch keine exklusive Praxis des Kum-Nye-Yoga, es gibt sie in vielen anderen Traditionen, wo sie zum Beispiel «Der Sitz von Vairochana» genannt werden.

Die Sieben Gesten stehen für sieben Referenzpunkte in unserem Körper, auf die Aufmerksamkeit gerichtet wird:

1. Der Sitz
2. Die Hände
3. Die Wirbelsäule
4. Das Kinn
5. Die Augen
6. Der Mund
7. Die Zungenspitze

Vielleicht hast du schon mal beobachtet, dass manche Meditierende bestimmte Gesten mit ihren Fingern formen, etwa Daumen und Zeigefinger aneinanderlegen. Dies sind sogenannte Mudras, Handzeichen, denen u. a. im Yoga eine gewisse Funktion zugeschrieben wird, etwa den Energiefluss zu begünstigen. Für die Sieben Gesten sind sie nicht nötig, genauso wenig wie für fast alle anderen Arten der Meditation, bei denen es nicht spezifisch um die Wirkweise dieser Mudras geht.

Da viele Leute nicht genau wissen, welche Bedeutung die Fingerhaltungen haben, verkommen sie manchmal zur Pose:

Sie sehen auf Instagram eben «authentischer» aus als einfach im Schoß ruhende Hände.

> Wie gehst du nun bei den Sieben Gesten vor? Du kannst sie auf einem Kissen, direkt auf dem Boden oder auf einem Stuhl ausüben. Wenn du auf einem Stuhl praktizierst, dann setz dich auf die vordere Kante der Sitzfläche, sodass dein Rücken gerade ausgerichtet ist und die Stuhllehne nicht berührt. Dein Gesäß ruht dabei stabil und geerdet auf der vorderen Sitzfläche. Die Beine stehen im rechten Winkel etwa schulterbreit auseinander auf dem Boden. Die Fußsohlen ruhen flach auf dem Boden. Deine Arme ruhen entspannt auf den Oberschenkeln oder den Knien. Ein kleiner anatomischer Tipp: Du kannst zuerst die Arme links und rechts baumeln lassen, die Schultern und Oberarme stillhalten und dann aus den Ellbogen heraus die Unterarme hochklappen. Dort, wo sie auf den Oberschenkeln landen, lässt du sie einfach liegen.
> Wenn du lieber auf dem Boden oder einem Meditationskissen sitzen möchtest, kannst du das im Schneidersitz tun. Den halben oder vollen Lotussitz einzunehmen ist nicht notwendig, aber möglich, wenn du es gewohnt bist. Wichtig ist, dass dein Becken höher liegt als deine Beine: Dadurch sitzt du gerader. Wenn du kein Meditationskissen zur Hand hast, kannst du einen Yogablock, ein Sofakissen oder eine gerollte bzw. gefaltete Yogamatte verwenden. Probiere aus, wie sich der Sitz bequem und stabil anfühlt. Deine Hände legst du wie oben beschrieben auf die Knie. Nun kannst du beginnen.
>
> 1. Der Sitz selbst
> In der ersten Geste befindest du dich bereits! Du lenkst deine Aufmerksamkeit auf deinen Sitz und auf alle Teile deinen Körpers, die den Boden berühren. Das Gesäß,

vielleicht auch die Ober- und Unterschenkel, die Füße, die Knie. Du fühlst ganz bewusst in diese Punkte deines Körpers hinein. Du stellst fest, wie es sich anfühlt, zu sitzen und Kontakt zum Boden zu halten. Das Ausatmen kannst du nutzen, um mit jedem Mal ein kleines Stückchen mehr in den festen Boden hineinzusinken. Wenn du möchtest, kannst du dir vorstellen, dass der Boden, die Erde, der gesamte Grund dazu da sind, dich zu tragen.

2. Die Hände
Deine Hände liegen ganz entspannt auf den Knien oder Oberschenkeln. Lenke deine Aufmerksamkeit dorthin und nimm wahr, wie sich deine Hände anfühlen. Sind die Handinnenflächen warm oder kalt? Kribbeln die Finger? Tun sie das vielleicht nur dort, wo deine Hände die Oberschenkel berühren? Spüre ganz genau nach und entspanne deine Arme.

3. Der Rücken / die Wirbelsäule
Deine Wirbelsäule ist aufrecht und gleichzeitig entspannt. Stelle sie dir wie eine Wasserpflanze vor, die auf dem Boden des Sees oder des Meeres verwurzelt ist und bis an die Oberfläche reicht. Sie steht gerade, aber wenn die Wellen kommen, ist sie flexibel und bewegt sich mit ihnen mit. Genauso ist es mit unserer Wirbelsäule. Sie ist stabil, aber dennoch flexibel. Um diese flexible, gerade und unverkrampfte Wirbelsäule zu spüren, stelle dir einen goldenen Faden vor, der vom Scheitelpunkt deines Kopfes in den Himmel ragt und mit dessen Hilfe du dich vorsichtig nach oben ziehst und die Wirbelsäule aufrichtest. Dabei sind deine Schultern ganz entspannt. Viele kennen das Gefühl, vermeintlich die Last der ganzen Welt auf den Schultern zu tragen. In diesem Moment, in dem du hier sitzt, kannst du sie loslassen und entspannen.

4. Das Kinn
Die vierte Geste ist nur eine ganz kleine, minimale Bewegung. Ziehe dein Kinn ein kleines bisschen nach hinten. Du wirst merken, wie sich deine Stirn dabei nach vorne bewegt, dein Rücken sich noch etwas mehr entspannt und dein Scheitel nach oben gezogen wird.

5. Die Augen / der Blick
Lenke die Aufmerksamkeit auf deine Augen und die Partie um sie herum und prüfe, ob du dich dort entspannen kannst. Kannst du die Augenbrauen entspannen? Die Lider? Kannst du vielleicht sogar die Augäpfel selbst entspannen? Experimentiere ein bisschen herum. Deine Augen sind dabei halb geöffnet. Dein Blick ruht sanft auf einem Punkt vor dir auf dem Boden, etwa einen bis zwei Meter von dir entfernt, in der Verlängerung des Nasenrückens. Dein Blick ist nicht auf diesen Punkt fixiert, sondern ganz sanft, fast mitfühlend auf ihn gerichtet. Vielleicht hilft dir dieses Bild dabei: Schaue mit dem Blick einer Mutter, die ihr neugeborenes Kind ansieht. Oder, ebenfalls ein schönes Bild: Stell dir vor, du schaust das ganze Universum mit diesem Blick an – und das Universum schaut lächelnd zurück.
Manche Leute finden es angenehmer, die Augen bei den ersten Meditationssessions zu schließen. Das ist völlig in Ordnung. In den Schriften zu den Sieben Gesten wird allerdings empfohlen, zumindest nach einer Zeit die Augen zu öffnen: Wir wollen uns bei der Meditation nicht verstecken. Wir möchten uns nicht von der Realität zurückziehen oder vor unserem Alltag weglaufen. Deshalb wollen wir kein Sinnesorgan «verschließen». Die Meditation inkludiert alles – auch die visuellen Eindrücke.

6. Der Mund
Richte deine Aufmerksamkeit nun auf deine Mundpartie und den Kiefer. Öffne den Mund ein bisschen, so weit, dass eine Erbse zwischen Ober- und Unterlippe passen würde. Auch in unserem Kiefer halten wir oft viel Spannung und Stress fest. Wir beißen sprichwörtlich und im wahrsten Sinne des Wortes die Zähne zusammen. Indem du den Mund öffnest, merkst du, ob dein Kiefer, dein Mund oder deine Zunge verspannt sind.

7. Die Zunge
Nun lege deine Zungenspitze vorsichtig auf den Punkt, an dem die oberen Schneidezähne den Gaumen berühren. Lass sie dort ganz leicht ruhen. Dadurch bleibt der Kiefer entspannt, der Speichelfluss wird reguliert, und der Mund bleibt offen. Vielleicht fängst du nun auch automatisch an, durch den Mund zu atmen. Wenn du damit etwas anfangen kannst, kannst du versuchen, durch Mund und Nase gleichzeitig zu atmen: 50 Prozent durch die Nase und 50 Prozent durch den Mund. Diese spezielle Art zu atmen wird zum Beispiel im Kum Nye praktiziert. Es ist völlig in Ordnung, wenn sich das am Anfang ungewohnt oder seltsam anfühlt. Du kannst auch nur durch die Nase atmen. Allerdings schlage ich vor, dass du es nach einer gewissen Zeit versuchst. Probiere diese andere Form der Atmung aus, experimentiere damit!

Wenn wir längere Zeit mit geradem Rücken auf der Kante des Stuhls oder mit verschränkten Beinen auf dem Boden sitzen, finden wir diese Position anfänglich vielleicht etwas unbequem. Wir sind es nicht gewohnt, so regungslos zu sitzen. Ich habe in den ersten Wochen meiner Meditationspraxis manchmal leichte Rückenschmerzen bekommen, vor allem nach längeren Sessions. Ich war sicher, dass dies Verspannungen waren. Mein

Meditationslehrer überprüfte, wie ich saß, und beruhigte mich: Dieser Muskelkater sei eher eine Ent-Spannungserscheinung. Ich saß zum ersten Mal sehr gerade, aufrecht – und mein Körper musste sich darauf einstellen.

Meist dauert es aber nicht länger als zwei oder drei Sessions, bis sich der Rücken daran gewöhnt hat.

Bei Knieschmerzen empfiehlt Tarthang Tulku, die Beine nur locker zu kreuzen und sich nicht direkt auf den Boden zu setzen, sondern ein Kissen zu nutzen, um die Hüfte höher als die Knie zu platzieren. Denn selbst wenn die Knie Schwierigkeiten bereiten, sei vermutlich eine «eingerostete Hüfte» die wahre Ursache für die Schmerzen. Deshalb wird gerade Anfängern geraten, sich bei den ersten Sessions nicht unmittelbar auf den Boden zu setzen.

Wie lange sollten wir meditieren?

Wenn wir mit einer neuen Meditationspraxis beginnen, sind wir hochmotiviert und nehmen uns vor, ab sofort jeden Tag eine Stunde zu sitzen. Am liebsten zwei! Das ist ein nobles Vorhaben, scheitert aber nicht selten an der Realität. Deshalb ist es praktischer, zunächst kurze Meditationseinheiten einzuplanen. So können wir uns an die Methoden und Übungen zu gewöhnen. Drei, fünf oder sieben Minuten sind zu Beginn völlig ausreichend. Mehrere regelmäßige kurze Meditationssessions sind hilfreicher als wenige längere.

Hast du dich mit der Methode vertraut gemacht und merkst, dass sie dir guttut, kannst du die Meditationsdauer von sieben Minuten auf zum Beispiel acht Minuten erhöhen. Dann schaust du einfach, was passiert. Wenn du merkst, dass du dich mit der Minutenzahl übernommen hast, reduzierst du sie einfach wieder. Das Wichtigste ist, überhaupt zu praktizieren!

Räum dafür so viele Hindernisse wie möglich aus dem Weg –

eines der größten ist tatsächlich Zeitmangel. Dann meditiere drei Minuten. Drei Minuten sind einmal gründlich Zähneputzen. Das lässt sich auch im geschäftigsten Tag einrichten. Der Dalai Lama hat einmal gesagt, ein Mensch, der glaube, keine 30 Minuten am Tag Zeit für die Meditation zu finden, unbedingt 60 Minuten meditieren müsse!

Da es bei der Meditation nicht darum geht, einen sportlichen Wettkampf auszutragen und in einer vorgegebenen Zeit ein bestimmtes Ziel zu erreichen, kannst du experimentieren. Dennoch solltest du für eine Weile bei der festgelegten Dauer bleiben, damit sich die Wirkung entfalten kann. Gebe dir ein Versprechen, ein Commitment.

Den Atem nutzen

Wenn wir uns auf unser Sofa setzen, um etwas Ruhe einkehren zu lassen und unseren Gedanken nachhängen zu können, stellen wir fest, dass sie sich konstant bewegen. Meistens schweifen sie in die Zukunft, zu Dingen, die wir noch zu erledigen haben, zu Plänen, zu Wünschen oder auch zu Ängsten. Genauso oft schweifen sie in die Vergangenheit: Dort stoßen wir auf Taten, die wir vielleicht bereuen, Dinge, die wir gern zurückhätten, oder Menschen, an die wir mit besonders starken Emotionen denken. Selten ruhen unsere Gedanken und unsere geistige und körperliche Aufmerksamkeit in dem Moment, in dem wir uns gerade befinden.

Sitzen wir an einem Fenster, starren auf die Landschaft hinaus (oder auf den Balkon des Nachbarn gegenüber) und lassen die Gedanken schweifen, ordnen wir diesen Zustand als Tagträumerei ein und fühlen uns dabei oft sogar sehr wohl. Wenn wir uns aber hinsetzen, um zu meditieren, sind uns diese schweifenden Gedanken auf einmal nicht mehr geheuer. Wir merken, dass es gar nicht so einfach ist, im Hier und Jetzt zu sein: Je mehr wir uns anstrengen, präsent zu sein, desto mehr verspannen und verrenken wir uns manchmal. Mitunter fühlen wir uns von sehr starken Gefühlen und Gedanken bedrängt und geradezu überwältigt – der Grund für einige Menschen, nach ein paar Minuten zu entscheiden, dass «diese Meditation» nichts für sie ist.

Die gute Nachricht: Der Geist funktioniert bei fast allen Menschen in dieser Hinsicht ähnlich. Deswegen gibt es seit Tausenden von Jahren Methoden, um ein wenig Ruhe und Fokus in die wilden Gedanken-Eskapaden zu bringen. Dazu bedarf es keiner esoterischen Geheimmethode, keiner spirituellen Einweihung oder der Lüftung eines Geheimnisses, sondern lediglich einer simplen Technik: Wir suchen uns ein Objekt aus, auf das wir den Geist zurückführen können, wenn er sich zu verirren droht.

Die Fähigkeit, uns zu konzentrieren und unsere Aufmerksamkeit auf eine bestimmte Sache oder eine bestimmte Aufgabe zu lenken, ist genauso natürlich wie unsere Tendenz abzuschweifen. Ohne die eine zu unterdrücken, nutzen wir die andere, um den Geist sanft und entspannt immer wieder zu unserer eigentlichen Aufgabe zurückzuholen.

Dieses «Objekt», das wir als Anker unserer Aufmerksamkeit nutzen, sollte etwas Simples, etwas Wertfreies sein – so hat unser Geist keinen großen Interpretationsspielraum und fängt nicht sofort an, sich selbst und uns Geschichten darüber zu erzählen.

Vorzüglich geeignet ist deshalb die Atmung, und zwar auch aus ganz praktischen Gründen. Der erste, offensichtliche Grund: Unseren Atem haben wir immer dabei. Wir müssen uns kein externes Objekt suchen, wie zum Beispiel eine Blume oder eine Buddhafigur, sondern können das nutzen, was wir bei uns tragen. Ein weiterer großer Vorzug des Atems ist, dass er immer *jetzt* stattfindet. Wenn wir einatmen, atmen wir ein. Wenn wir ausatmen, atmen wir aus. Der Atem ist nie gestern, letzte Woche oder übermorgen. Daher eignet sich eine Fokussierung auf das Atmen hervorragend, um uns auf die vorstellbar einfachste Weise ins Hier und Jetzt zurückzuholen, wenn der Geist abschweifen sollte. Probiere es aus!

> Um den Atem als Meditationsobjekt zu nutzen, musst du nichts anderes tun, als zu atmen und dich bequem hinzusetzen.
> Wer möchte, kann dazu eine besondere Meditationshaltung einnehmen. Warum nicht die Sieben Gesten? Vielleicht kennst du aus deiner Yogapraxis oder anderen Meditationstraditionen bereits eine andere Haltung, in der du entspannt sitzen kannst. Du kannst dich auch einfach auf einen Stuhl setzen. Wichtig ist nur, dass dein Rücken aufrecht und entspannt ist.
> Sitzt du bequem und gerade, kannst du die Augen schließen oder offen halten und einfach ein- und ausatmen. Du musst den Atem für diese Meditation nicht auf eine besondere Art manipulieren oder verändern, etwa besonders tiefe oder lange Atemzüge nehmen. Atme entspannt und natürlich ein und aus, durch den Mund oder die Nase oder durch beide zugleich, wie es natürlich passiert.
> Lenke deine Aufmerksamkeit nun sanft und entspannt auf dieses Gefühl des Ein-und Ausatmens. Nimm wahr, wie die Luft aus der Nase herausströmt und durch die Nase wieder in den Körper gelangt. Vielleicht fühlst du an der Nasenspitze ein sanftes Kribbeln, vielleicht die Wärme oder leichte Kühle des Atemstroms. Dieser Vorgang bedarf keiner besonderen Interpretation oder Veränderung.
> Vielleicht möchtest du deine Aufmerksamkeit darauf lenken, wie sich dein Bauch und deine Brust beim Einatmen ausweiten und beim Ausatmen wieder zusammenziehen. Auch dies ist ein ganz natürlicher Prozess, den du beobachten kannst, ohne dir darüber irgendwelche Geschichten erzählen zu müssen.

> Die Aufmerksamkeit ruht auf dem physischen Gefühl des Ein- und Ausatmens. Darüber hinaus gibt es nichts zu tun. Es gibt keine weitere Aufgabe zu erfüllen.
> Nach ein paar Atemzügen stellst du vielleicht fest, dass dein Geist zu wandern beginnt. Führe dann deine Aufmerksamkeit ganz entspannt zu deiner Atmung zurück. Das ist schon alles!

Diese Art zu meditieren ist schlicht, aber extrem kraftvoll und wirksam. Unser Geist, der sonst so viel durch Zeit und Raum schwirrt, wird durch die sanfte Konzentration auf den Atem immer wieder ins Hier und Jetzt zurückgebracht. Ihn als Anker zu nutzen, ist eine einfache Form dessen, was im Buddhismus Shamatha-oder Shine-Meditation genannt wird.

Wir können uns unseren Geist wie eine Wasserflasche vorstellen, in der sich eine Handvoll Sand befindet. Bewegen wir die Wasserflasche, indem wir sie schütteln, umdrehen oder vor- und zurückkippen, wird der Sand aufgewirbelt. Das Wasser trübt sich. Halten wir die Flasche allerdings ruhig in der Hand oder stellen sie hin, wird sich der Sand absetzen. Nach einer Weile können wir wieder durch das klare Wasser hindurchschauen.

Dieses alte, oft genutzte Bild zeigt sehr schön, wie die Atem-Meditation unsere geistige Aktivität beruhigen kann. Wir unterdrücken den Gedankenstrom nicht, wir verbieten dem Geist nicht, sich zu bewegen, wir bewerten auch nicht, welche Art von Gedanken wir haben. Wir stellen einfach fest, dass der Geist gerade abschweift, und bringen ihn zurück zu unserer Atmung. So kann sich das Wasser beruhigen und der Sand absetzen. Die Gedanken kommen zur Ruhe, die Bewusstheit wird klarer.

Du wirst merken, dass die Anzahl deiner Gedanken nahezu unendlich ist. Einige von ihnen sind «klein», und du findest schnell wieder zurück zum Atem, andere Gedankengänge sind komplex und verworren, mit starken Emotionen verbunden und daher «klebriger» – es fällt dir schwer, dich von ihnen zu lösen.

Solche Erfahrungen sind normal. Für diese Meditation ist es absolut unerheblich, welche Qualität, welchen «Klebrigkeitsfaktor» oder welche emotionale Schwere deine Gedanken haben. Du musst nichts bewerten, brauchst dir nicht für sanfte Gedanken oder vermeintlich gute Emotionen auf die Schulter klopfen oder dich für starke, negative Emotionen und lange Tagträume verurteilen. Es geht nicht um den Inhalt der Gedanken und Gefühle. Diese Meditation besteht tatsächlich nur darin, zurück zur Atmung zu kommen.

Noch einmal: Es gibt dabei nichts zu tun. Nichts zu bewerten. Nichts einzuordnen.

Meditation mit Musik

Oft werde ich – naheliegenderweise – gefragt, ob man eigentlich mit Musik meditieren kann. Die Antwort ist: ja! Allerdings sollten wir darauf achten, unsere Meditationspraxis dabei nicht zu vergessen ...

Musik zu hören ist eines der schönsten Dinge, die ich mir vorstellen kann. Von Kindesbeinen an habe ich es geliebt, zu tanzen, zu singen und, kaum dass ich Rapmusik kennengelernt habe, Musik auch selber zu machen. Für mich ist Musik die wunderbarste Beruhigung, die schönste Inspiration und eine der besten Arten, meine Zeit zu verbringen. Wollen wir aber wissen, wie wir mit Musik meditieren können, müssen wir etwas genauer hinschauen.

In den Meditationen, die wir gerade kennengelernt haben, arbeiten wir hauptsächlich mit der Fokussierung unserer Aufmerksamkeit – also könnten wir ganz einfach Musik zum Objekt dieser Aufmerksamkeit erklären, uns ein Musikstück unserer Wahl heraussuchen, es abspielen, und immer, wenn unsere Gedanken abschweifen, kehren wir zur unmittelbaren Erfahrung der Musik zurück.

Musik besteht aus einer unglaublichen Vielzahl von Texturen. Da gibt es Töne in verschiedenen Höhen, in verschiedenen Nuancen, mit verschiedenen Klangfarben. Dazu kommen all die Gefühle, Erinnerungen und Gedanken, die diese Texturen auslösen. Musik ist sehr vielschichtig und verleitet uns daher schnell zu Tagträumen und emotionalen Reaktionen.

Wenn wir mit Musik meditieren, können wir versuchen, uns immer wieder auf eine bestimmte ihrer Eigenschaften zu besinnen: ihre jetzt-zeitige Qualität. Das bedeutet, wir können ganz speziell darauf hören, wie sich die Töne, die Klänge und das Musikstück in dem Moment bewegen, in dem wir sie gerade hören und wie sie sich von Moment zu Moment verändern.

Gelingt es uns, unsere Aufmerksamkeit auf diese Bewegung und die konstanten Veränderungen des Musikstücks zu fokussieren, können wir es immer wieder als Anker nutzen, um unsere Aufmerksamkeit zum Hier und Jetzt zurückzubringen.

Am Anfang eignet sich dafür wohl am besten ein Instrumentalstück. Das disqualifiziert zwar meine Musik dafür, dass du mit ihr meditierst, aber man kann nicht alles haben! Sobald ein Text zur Musik dazukommt, ergeben sich neue Assoziationsketten, eine Vielzahl von Interpretationsmöglichkeiten, die es erschweren, bei der Meditation zu bleiben.

Besser eignet sich also ein einfaches, ruhiges Musikstück, in dem sich die Töne und Klänge stetig bewegen, ohne große Sprünge zu machen. Das muss nicht unbedingt ausgewiesene Meditationsmusik sein – die man übrigens ruhig schrecklich finden darf –, es kann auch ein klassisches Stück sein oder chillige Instrumentalmusik.

Probiere es mit einem Stück deiner Wahl aus. Immer, wenn du emotional oder gedanklich abschweifst oder durch die Musik weggetragen wirst, kehrst du zurück zu der direkten Erfahrung.

Diese Methode unterscheidet sich erheblich davon, «einfach so» Musik zu hören. Beides ist phantastisch – das eine ist allerdings eine Meditationpraxis, das andere nicht.

Geräusche, Lärm und Ablenkung

Manchmal werden wir beim Meditieren von Dingen abgelenkt, die um uns herum passieren: Nebenan streitet sich ein Paar, beim Nachbarn unter uns klingelt das Telefon, auf der Straße hupt ein Auto. Kein Wunder, dass viele Menschen denken, man müsste sich zur Meditation zurückziehen: Vielleicht nicht direkt in eine Höhle im Himalaya – auch wenn uns das im Moment der Ablenkung möglicherweise sehr romantisch und hilfreich erscheint –, aber ein schallisolierter, abgedunkelter Raum wäre schon prima, oder? Dann würde uns die Praxis sicher leichter fallen.

Nun, ich behaupte, dass wir diese äußeren «Ablenkungen» nicht negativ bewerten müssen, sondern sie sogar als Hilfe, als Stützräder für die Mediation nutzen können: Indem wir unsere Aufmerksamkeit nicht auf unseren Atem zurückführen, sondern sie jeweils dort belassen, wo sie sich auf natürliche Art und Weise hinbewegt. Ähnlich wie beim Hören von Musik als Meditationspraxis sind in diesem Fall die Sinneseindrücke unserer Ohren unser Anker: hupende Autos, schreiende Kinder, das Klingeln des Telefons.

> Nimm zu Beginn deinen Sitz ein, deinen «Platz auf der Erde». Wenn es dir hilft, checke mit Hilfe der Sieben Gesten, ob du bequem sitzt, und lenke die Aufmerksamkeit kurz auf deinen Atem. Dann lasse die Aufmerksamkeit sanft von deinem Atem weggehen und sei einfach präsent. Wenn draußen ein Auto hupt, ein Kind schreit oder dein Knie juckt, dann nutze diese Dinge genauso wie vorher deinen Atem. Richte sanft und entspannt deine Aufmerk-

> samkeit darauf. Wenn ein neues Geräusch auftritt, verändert sich deine Aufmerksamkeit wahrscheinlich wieder. Kannst du verfolgen, wie sie das tut? Bewegt sie sich? Wie fühlt sich das an? Lösen unterschiedliche Geräusche etwas Unterschiedliches bei dir aus?

Wenn während des Meditierens draußen auf der Straße ein Auto hupt, passiert normalerweise Folgendes: Wir vernehmen das Hupen und denken: «Warum muss gerade jetzt jemand hupen? Was da wohl passiert ist? Vielleicht ist ja ein spielendes Kind auf die Straße gelaufen, und der Fahrer wollte das Kind warnen? Eigentlich müsste hier ohnehin mal eine 30er-Zone oder eine Spielstraße eingerichtet werden. Wie macht man so was eigentlich? Muss man da mit dem Verkehrsamt sprechen? Das ist mir schon wieder viel zu anstrengend, weil ich dafür bestimmt einen Termin machen muss. Apropos Termin: Ich muss meinen Reisepass erneuern. Oh, ich freu mich schon so auf die Malediven. Aber das ist noch sechs Monate hin! Könnte es nicht jetzt schon Sommer sein?!»

Und plötzlich hupt das Auto erneut. Wir werden aus unseren Gedanken herausgerissen und haben gemerkt, dass wir die letzten Sekunden oder Minuten mit vielen Dingen verbracht haben – nur nicht damit, aufmerksam zu sein. In der Shamata-Meditation nutzen wir den Atem, um zu unserer Aufmerksamkeit zurückzukehren. Hier nutzen wir die Geräusche, die wir hören, um bei unserer Aufmerksamkeit zu bleiben und ihr achtsam dabei zuzuschauen, wie sie sich bewegt. Wenn wir sie nicht als Ablenkung, sondern als konstanten Weckruf erkennen: «Hier! Aufwachen!», dann werden wir immer wieder in die volle Präsenz zurückgeholt. Das hupende Auto ist im Hier und Jetzt. Die spielenden und rufenden Kinder im Nebenzimmer sind im Hier und Jetzt. Die Sinneswahrnehmung an sich bringt uns in die Gegenwart. Das, was uns aus ihr herausholt, sind nur unsere Interpretationen, Gedankenspiele und Wertungen.

Die Gedanken vor unserer Einfahrt

Die folgende sehr schöne Allegorie zum Thema, wie wir mit Gedanken umgehen, habe ich von dem tibetischen Lehrer Dzogchen Ponlop Rinpoche während eines Meditationskurses in Wien gehört.

Stell dir vor, du sitzt vor deinem Haus in der Einfahrt und entspannst (ich meine mich zu erinnern, dass der Halbsatz «und trinkst ein Bier» gefallen ist – diese Erinnerung kann aber auch meiner ganz persönlichen Assoziation zu «vor dem Haus sitzen und entspannen» geschuldet sein).

Du sitzt also entspannt in deiner Einfahrt, es ist ein schöner Tag. Dann siehst und hörst du, wie ein Auto vorbeifährt. Kein Problem. Kurz darauf joggt jemand vorbei, erkennt dich, grüßt und fragt, wie es dir geht. Du antwortest ihm – und schon ist er wieder verschwunden. Anschließend fahren ein paar schreiende Kinder auf ihren Fahrrädern vorbei. Kurz darauf kommt ein Lkw angefahren, parkt direkt vor deiner Einfahrt und sorgt für ein kleines Verkehrschaos, bei dem viel gehupt wird. Aber auch diese Situation löst sich auf, denn kurz darauf fährt er wieder weg, und auch die anderen Verkehrsteilnehmer können ihre Reise fortsetzen. Alles kein Problem.

Das Problem entsteht erst dann, wenn du meinst, dass diese Dinge etwas mit dir persönlich zu tun haben: Wenn du dir all diese Autos, Jogger, Kinder und Fahrzeuge, die auf der Straße vor deinem Haus entlangfahren und -laufen, packst, sie in deine Einfahrt ziehst und zur Rede stellst! Auf einmal herrscht Chaos in deiner Einfahrt, ein heilloses Durcheinander. Du kannst dich nicht mehr entspannen. Dein Tag ist ruiniert.

Solange all diese Dinge aber nur *vor* deiner Einfahrt passieren, ohne dass du sie persönlich nimmst, ist alles in bester Ordnung.

Was die Wissenschaft weiß

Wir erinnern uns: Es gibt viele verschiedene Definitionen für Meditation und Geist, mit unterschiedlich nuancierten Bedeutungen. Genauso gibt es unzählige verschiedene Methoden der Meditation. Buddha wird nachgesagt, er habe exakt so gelehrt, wie es für die Menschen, zu denen er sprach, am besten war. Ich habe einmal die etwas scherzhaft gemeinte Aussage aufgeschnappt, dass es genauso viele Meditationsmethoden gebe wie Menschen auf der Erde – damit jeder Einzelne mit seinen individuellen Wünschen und Eigenheiten für sich einen guten Weg finden kann. Ich finde diese Vorstellung großartig und sehr beruhigend: Sogar für Härtefälle wie mich, die oft unter Strom stehen und einen ziemlich vollen Terminkalender haben, scheint es also Hoffnung zu geben.

Genau hier liegt allerdings auch ein Knackpunkt, wenn wir über die wissenschaftliche Betrachtung von Meditation sprechen. Es gibt nicht «die eine» Meditation mit ihrer ganz spezifischen Wirkung, die man untersuchen und vergleichen könnte. Die Begrifflichkeiten sind fließend, wissenschaftliche Kontrollbedingungen schwer zu schaffen und die Ergebnisse nur schwer valide auszuwerten: Es geht schließlich um innere, persönliche, ja, subjektive Veränderungen. Aber es gibt Indizien für die Wirkungsweise von Meditation. Vergleichsweise konkrete Ergebnisse lassen sich zum Beispiel erzielen, wenn man mit Hilfe eines MRT-Gerätes untersucht, wie sich eine bestimmte Meditation auf spezifische Hirnaktivitäten auswirkt. Diese Untersuchungen zeigen, dass bei meditationserfahrenen Menschen die Regionen für Aufmerksamkeit und Impulskontrolle vergrößert sind. Andere Untersuchungen weisen darauf hin, dass spezifische Meditationen zu einer erhöhten Empathiefähigkeit führen können und positiv auf das Immunsystem und den Metabolismus wirken. Allerdings unterscheidet sich der Ausprägungsgrad von Person zu Person.

Ein Blick auf den Beipackzettel

Um für einen Moment im Bereich der Wissenschaft und Medizin zu bleiben: Wären wir Patienten und würden Meditation als Arznei verschrieben bekommen, würden wir wahrscheinlich durch den Beipackzettel blättern und auf Seite drei dann den Punkt «Risiken und Nebenwirkungen» entdecken. Dort stünden vielleicht solche Begriffe wie Stressreduktion, Mitgefühl, Angstreduktion, erhöhte Konzentrationsfähigkeit oder auch Entspannung. Und tatsächlich sind diese Dinge «Nebenwirkungen»: sehr hilfreiche Nebenwirkungen, wundervolle Nebenwirkungen, vielleicht sogar erwünschte Nebenwirkungen, ein schöner Schritt auf dem Weg – aber sie sind nicht das eigentliche Ziel.

Daher möchte ich hier eine etwas radikal klingende Aussage treffen: Meditation dient weder vornehmlich dazu, ein «besserer Mensch» zu werden noch ein «glücklicherer». Sie dient auch nicht dazu, ein «entspannterer» Mensch zu werden! Meditationsmethoden wurden nicht vor Tausenden von Jahren entwickelt, um modernen Menschen heute dabei zu helfen, stressresistenter zu werden, effektiver zu arbeiten oder freundlicher zu ihren Partnern zu sein. Obwohl diese Nebenwirkungen natürlich großartig sind.

Dzongsar Khyentse Rinpoche hat die Praxis von Shamatha (wie sie zum Beispiel mit dem Atem als Objekt praktiziert wird) humorvoll in zwei Kategorien unterteilt: in eine «weltliche» und eine «über weltlich hinaus» (worldly and beyond-worldly). Je nachdem, an welchen Ergebnissen wir interessiert sind, würden wir eine dieser beiden Ausrichtungen praktizieren.

Von außen betrachtet ist die Methode dieselbe, der Unterschied ist jedoch die Motivation, mit der wir sie betreiben. In der Variante «weltlich» geht es uns vornehmlich um die Reduktion von Stress und Anspannung: Wenn wir sie erreicht haben, sind wir zufrieden. Darüber hinausgehende Ambitionen haben wir keine. Khyentse Rinpoche sagt, dass wir dieses Ziel erreichen können, wenn wir es in etwa in zehn bis 20 Prozent der Fälle schaffen, unseren Geist zu zähmen. Im Grunde sind das gute Chancen für einen Erfolg! Die immense Klarheit, die wir auf diese Weise erhalten, ist für Khyentse Rinpoche allerdings gar nichts Außergewöhnliches – wir seien es eben lediglich nicht gewohnt, unseren Geist wirklich präzise zu nutzen. Deshalb müsse man auch nicht gleich auf die Idee kommen, über diese Ergebnisse ein Buch zu schreiben. Ups!

Die zweite Art der Shamatha-Meditation, die aus der «über weltlich hinaus»-Motivation heraus entsteht, hat eine andere Ausrichtung. Wir machen sie mit der Intention, die Welt in uns drin und um uns herum als das zu sehen, was sie wirklich ist – zu durchschneiden, was wir «Illusion» nennen. Wir sind auf dem Weg, die «wahre Natur des Geistes» zu entdecken. Dieser Weg ist eine Option – ob er dich anspricht, liegt bei dir.

Om praktizieren

Durch die Meditation lernen wir uns selbst kennen: unseren Geist, unsere Muster und Gedanken. Wenn wir erkennen, was ist, entsteht Raum für Veränderung.

Um zu meditieren, müssen wir keine besonderen Voraussetzungen erfüllen. Wir brauchen nur Forschergeist, Experimentierfreude, drei Minuten Zeit und unseren Atem. Wer diese Voraussetzungen mitbringt, kann sofort beginnen.

Selbst Leute, die fünf, zehn oder 30 Jahre meditieren, haben an manchen Tagen ein sehr klares und an anderen Tagen ein eher durchwachsenes Meditationserlebnis. Auch sie machen die Erfahrung, während der Meditation lediglich drei Atemzüge lang im Hier und Jetzt präsent sein zu können.

Sei also gütig zu dir selbst, sammle Erfahrungen. Relaxe. Probiere es immer wieder aufs Neue, frisch und klar.

– Beginne, wo du bist
Du brauchst keine besondere Umgebung, Ausstattung oder Fähigkeit. Meditation ist immer Hier und Jetzt, mit allen gegebenen Umständen. Lass dich einfach darauf ein, anwesend zu sein.

– Wähle eine Meditation aus
Entscheide dich für eine Meditationsmethode, die dich anspricht. Übe diese dann intensiv. Nach einer gewissen Zeit kannst du wechseln – oder einfach weitermachen und deine Erfahrung intensivieren. Mein Lehrer Chime Rinpoche hat einmal gesagt, man könne mit einer einzigen Methode 40 Jahre lang in eine Höhle ziehen, ohne neuen Input zu brauchen.

– Kurze, regelmäßige Einheiten
Nimm dir täglich ein paar Minuten Zeit. Überfordere dich nicht. Wenn du möchtest, erhöhe langsam die Dauer.

– Komme immer wieder zurück
Wenn du in Gedanken abdriftest, beginne immer wieder frisch von neuem! Das ist kein Problem! Jeder Moment ist perfekt für einen Anfang.

– Nimm deinen Platz auf der Erde ein – und in deiner Wohnung
Es kann hilfreich sein, wenn du für die Meditation einen ganz bestimmten Ort in deiner Wohnung oder an deinem Arbeitsplatz auswählst. Allein die Präsenz dieses Ortes erinnert dich dann immer wieder an deine Praxis.

– Hol dir Unterstützung
Wenn es dir hilft, nutze eine Meditationsapp wie 7Mind, Headspace oder Imagine Clarity. Hör dir eine geführte Meditation von www.curse.de oder aus meinem Podcast an, schaue ein

gutes YouTube-Video von einer seriösen Meditationslehrerin. Geh in ein Zentrum und praktiziere gemeinsam mit anderen! Ein guter Lehrer ist unersetzbar, suche dir jemanden, dem du vertrauen kannst, und habe keine Scheu, nach Referenzen und Traditionen zu fragen.

– **Mach es «einfach»**
Der Rapper und Musikproduzent Moses Pelham sagt immer: «Mach dir mal nicht so viele Gedanken über die Details.» Du musst nicht jede Eventualität mit einbeziehen und jede Implikation der Meditation intellektuell begreifen. Leg einfach los!

Mein Versprechen an mich selbst

Schreibe dein Was, dein Wieviel und dein Warum so klar wie möglich auf.

Ich beginne ab .... meine Meditationspraxis. Ich setze mich jeden Tag .... Minuten hin und nehme meinen Platz auf der Erde ein.
Es ist mir wichtig zu meditieren, weil ....
....
....
....
Nach .... Tagen ziehe ich mein Resümee. Bis dahin bleibe ich dran!

....
Unterschrift, Datum

DAS VIERTE O: OCHA
WIE WIR ACHTSAMKEIT IN DEN ALLTAG BRINGEN

«Wenn wir jeden Augenblick achtsam sind, wachsen unser Vertrauen und unsere Ausgeglichenheit. Schließlich werden wir verstehen, wie entscheidend jeder Gedanke, jedes Wort und jede Handlung für uns und andere ist.»
Tarthang Tulku

In der Meditation entdecken wir neue Ebenen von Bewusstheit: Wir erkennen unsere inneren Vorgänge und Gedanken deutlicher und merken, wie sehr wir bestimmten Reaktionsmustern verhaftet sind.

Das Gute daran: Wir können dadurch sogar Humor entwickeln! Wenn wir uns dabei erwischen, wie wir unseren plappernden Gedanken nach dem Mund reden, obwohl sie gar nicht die Situation widerspiegeln, in der wir uns gerade befinden. Manchmal hat es eine Tragikomik zu erkennen, wie mechanisch wir durchs Leben gehen, uns verhalten, uns geben. Und dann lernen wir, zurückzukommen in den Moment. Wir fühlen wieder, wie wir auf unserem Kissen sitzen, der Atem ist da, der Raum, die kühle Herbstluft, Klarheit. Eine Klarheit, die unsere Gedanken, Gefühle, unseren Atem und alles, was in dem Moment stattfindet, einschließt. Diese Erfahrung beginnt uns zu verändern.

Nach zehn oder zwanzig Minuten klingelt unser Timer. Wir stehen auf, und unser «normales» Leben kehrt zurück. Zunächst schwingt die Wirkung der Meditation noch für einige Minuten nach – doch meist ist sie spätestens beim nächsten Telefonanruf verflogen.

Dennoch erinnern wir uns während des Tages immer wieder an das Meditieren: In Stressmomenten nehmen wir ein paar ruhige Atemzüge. In Momenten der Verwirrung merken wir, dass wir diesen Zustand der Konfusion vom Meditieren kennen und wissen, dass er vorbeigeht. Wir atmen durch, und alles ist halb so schlimm. Oder sogar nur dreiviertel so schlimm.

Oft sind es kurze, zufällige Momente, in denen die Meditationserfahrung wieder in unser Bewusstsein dringt. In Ocha, der Praxis des vierten O, wollen wir über diese zufälligen Blitze der Erinnerung hinausgehen und die Wachheit und Aufmerksamkeit der Sitzmeditation tiefer im Alltag verankern – während wir das tun, was wir eben im Alltag tun!

Noch eine kleine Anmerkung: Die Sitzmeditation und die

Achtsamkeitspraxis im Alltag sind nicht ein und dasselbe. Sie sind komplementär und bauen aufeinander auf – sie sind jedoch beide eine eigene, wichtige Praxis.

Manche Leute sagen, sie müssten nicht meditieren, da für sie ein Waldspaziergang wie Meditation sei. Wenn wir die Worte von Buddha, Tarthang Tulku oder Chögyam Trungpa ernst nehmen, stimmt diese Gleichsetzung aber nicht. Ein Waldspaziergang *kann* Meditation werden, wenn er mit der Achtsamkeit und dem Fokus einer Meditation unternommen wird. Dies unterscheidet sich aber deutlich davon, *einfach so* spazieren zu gehen (was nichts Schlechtes ist – aber eben keine Meditation). Doch auch ein als Meditation praktizierter Spaziergang hat einen anderen Fokus als eine Meditation der Shamatha-Praxis. Daher sind Om und Ocha auch einzelne Bestandteile der OOOO+X-Methode und nicht ein gemeinsamer. Chögyam Trungpa sagt: «Sitzen in Meditation muss mit einer Achtsamkeitsübung im alltäglichen Leben verbunden werden.»

Damit das gelingt, schaffen wir uns immer wieder Situationen, in denen wir eine meditative Aufmerksamkeit praktizieren können. Wir wollen unseren Alltag transformieren – zu Meditation. Dafür wählen wir Tätigkeiten aus, denen wir regelmäßig nachgehen, und bringen unsere Aufmerksamkeit komplett in den jeweiligen Moment, körperlich und geistig. Denn in OOOO+X fangen wir immer da an, wo wir gerade sind.

Also, was tust du gerade? Du, ja, genau du. Du liest dieses Buch. Wo ist dein Atem? Wo ist das Gefühl in deinen Händen? Spürst du sie, deine Hände? Wie fühlen sie sich gerade an? Spürst du die Füße auf dem Boden? Kannst du diesen Satz lesen und gleichzeitig den Raum wahrnehmen, in dem du dich befindest? Verändert sich dadurch die Art und Weise, wie du die Situation empfindest? Wie verUndert sie sich? Ah – und was ist gerade passiert, als du diesen Tippfehler bemerkt hast?

Ocha

Bei OOOO+X steht das Wort «Ocha» Pate für die Praxis der Achtsamkeit im Alltag. Ocha ist das japanische Wort für Tee. In Japan haben Anbau und das Trinken von Tee, besonders von grünem Tee in seinen vielen verschiedenen Varianten, eine über tausend Jahre alte Tradition. Dort ist er kein Öko-Hipster-Biolatschen-Getränk, sondern seine Ernte, seine Zubereitung und sein Genuss sind eine Kunst. Er ist etwas völlig Alltägliches und gleichzeitig etwas absolut Außergewöhnliches. Von japanischem Tee existieren so viele verschiedene Sorten, Kultivierungs- und Verarbeitungsmethoden, so viele verschiedene Nuancen und Geschmacksnoten, dass sich die Auseinandersetzung mit ihm am ehesten damit vergleichen lässt, wie Sommeliers und Kenner in Europa Weine schätzen.

Speziell um den Pulvertee «Matcha», der zurzeit einen (wohlverdienten) Hype als sogenanntes Superfood genießt, hat sich in Japan eine kulturelle und meditative Tradition entwickelt. Du kennst bestimmt Bilder oder Beschreibungen der japanischen Teezeremonie. Einfach ausgedrückt geht es dabei darum, einen alltäglichen Vorgang – die Zubereitung, das Servieren und das Trinken von Tee – durch Klarheit und Aufmerksamkeit zur Meditation werden zu lassen. Die Teezeremonie fußt im Zen-Buddhismus, in dem Meditation häufig in der Bewegung praktiziert wird. Dabei driften die Praktizierenden nicht entrückt in irgendwelchen anderen Sphären ab, sonst würden sie die Tasse fallen lassen oder den Tee umschütten. Das wäre dann keine Meditation, sondern ein Weglaufen vor der Realität der gegenwärtigen Situation – oder schlichtweg ein Rausch.

Im Gegenteil, die Praktizierenden sind absolut anwesend. Es liegen Präzision und Aufmerksamkeit in jedem Moment: darin, wie die Schalen und Utensilien ausgewählt werden. Darin, wie das Tuch gefaltet wird. Darin, wie der Wasserlöffel auf dem Wasserkessel abgelegt wird. Das Geräusch dieses Ablegens ist in der Teezeremonie von ähnlicher Bedeutung wie der Gong in einem Kloster. Die Aufmerksamkeit liegt darauf, wie der Tee serviert und getrunken wird, auf der stillen Kommunikation zwischen Gastgeberin und Gast. Das Wegräumen und Abwaschen der Utensilien ist ebenso bedeutungsvoll wie der Rest der Zeremonie.

Die Teemeister haben diese Vorgehensweise nicht erdacht, um die Teezubereitung zu verkomplizieren und unzugänglich zu machen – das Gegenteil ist der Fall: Sie dient dazu, *wirklich*, vielleicht zum ersten Mal im Leben, eine Tasse Tee zu trinken!

Wird die Teezeremonie mit Ernsthaftigkeit und Commitment vollzogen, ist sie kein leeres Ritual oder eine folkloristische Darbietung, sondern Meditation im Alltag, ein Sinnbild dafür, wie wir alltägliche Situationen, nutzen können, um unsere Meditationspraxis auszuweiten und zu vertiefen.

Einfach nur eine Tasse Tee

Bei aller Liebe für japanischen Tee: Wenn ich mir morgens eine Tasse zubereite, dann mache ich das bei weitem nicht so wie die Zen-Mönche oder die japanischen Damen, die Jahrzehnte in Teeschulen verbringen, um die korrekte Ausführung der Abläufe zu lernen. Meine Zubereitungsart ist eher rudimentär. Und doch ist sie für mich ein besonderer Moment des Tages – sie ist, wenn ich nicht gerade völlig müde oder zerstreut bin, meine alltägliche Praxis des vierten O. Und selbst wenn ich müde und zerstreut bin, wache ich währenddessen auf, und sei es auch nur für ein paar Augenblicke.

In dem Moment, in dem ich zum Kühlschrank gehe und entscheide, welche Teesorte ich trinken möchte, stelle ich mir vor, wie der Tee schmecken würde. An manchen Tagen brauche ich einen kräftigen, erdigen Tee, um mich auf den Boden der

Tatsachen zurückzuholen, an anderen Tagen passt ein blumiger, milder Tee besser zum schönen Wetter vor der Tür.

Ich nehme den Tee aus dem Kühlschrank, öffne die Packung, ich rieche daran, schütte ihn in meine Hand und spüre, wie die Blätter sich auf meiner Handfläche anfühlen. Ich schaue sie mir an, betrachte ihre Farbe, fülle sie in eine Kanne, die ich vorher mit heißem Wasser angewärmt habe. Ich fühle das Gewicht der Kanne in meiner Hand. Ich gieße das abgekühlte Wasser auf, sehe den Dampf aufsteigen, spüre, wie die Temperatur der Kanne sich verändert, ehe ich den Deckel auf die Kanne lege und den Tee ziehen lasse. Ich nehme mir diese ein oder zwei Minuten Ziehzeit, um – nichts anderes zu tun. Ich checke keine E-Mails, scrolle mich nicht durch die Facebook-Timeline oder daddel eine Runde auf dem Smartphone. Da ich mir keinen Timer stelle, sondern den Tee nach Gefühl ziehen lasse, muss ich die Aufmerksamkeit darauf lenken, wie sich die Zeit anfühlt. Anschließend gieße ich den Tee aus, betrachte die Farbe, nehme die Tasse in die Hand, spüre die Wärme, die von ihr ausgeht, aber auch ihre Form. Ich nehme den ersten Schluck. Die Temperatur des Tees verändert sich in meinem Mund und hinterlässt dort eine Note, auf die meine Geschmacksnerven reagieren. Bei manchen Tees passiert das mehr auf der Zunge, bei anderen eher im oberen Gaumen. Nach einer kurzen Zeit kann ich sogar beobachten, ob der Tee einen wachmachenden Effekt auf mich hat. Habe ich die Tasse ausgetrunken, geht mein Tag normal weiter.

All diese Dinge finden innerhalb von drei oder vier Minuten statt. Wenn mich jemand dabei von außen beobachten würde, würde er sicherlich nichts anderes denken, als dass ich mir eben einen Tee mache. Und genau das ist der Punkt: Es ist ein absolut natürliches Vorgehen, es hat nichts Artifizielles. Was diese Sache transformiert und zu einer Ocha-Übung macht, ist die Aufmerksamkeit, die ich der Situation schenke.

Meditation im Alltag

Wir können alle Dinge im Leben für eine Achtsamkeitspraxis nutzen. Waschen wir achtsam Geschirr ab, wird es das Abwaschen transformieren. Räumen wir achtsam auf, wird es das Aufräumen transformieren. Und putzen wir achtsam die Zähne, dann wird es das Zähneputzen transformieren. Diese Dinge sind bei weitem nicht so exotisch oder romantisch wie die japanische Teezeremonie oder das formvollendete Arrangieren eines Blumengestecks (das die Japaner ebenfalls als Kunstform etabliert haben und Ikebana nennen.) Vielleicht kommt dir das Zähneputzen als Übung auch etwas krude vor. Aber es eignet sich gerade zu Anfang großartig, weil es zeigt, wie leicht das vierte O in den Alltag integriert werden kann. Also, probiere es einfach aus!

Zähne putzen
Haben wir uns jetzt in Teufels Küche manövriert? Egal, wir ziehen das durch: So kannst du Achtsamkeit praktizieren, wenn du dir die Zähne putzt.

Normalerweise ist das Zähneputzen ein ziemlich mechanischer Prozess. Wahrscheinlich denkst du dabei an alles Mögliche, an die Aufgaben des bevorstehenden Tages, die Ereignisse von gestern oder die Erlebnisse der letzten Nacht. Zwischendurch schaust du dich im Spiegel an und stellst fest, dass du eigentlich wieder zum Friseur müsstest und morgens auch schon mal frischer ausgesehen hast. Wenn du fertig bis, spülst du den Mund aus und machst weiter mit deiner Morgenroutine.

Lass uns diesen Ablauf nun für ein paar Momente unterbrechen. Solltest du tatsächlich abenteuerlustig genug sein, um das Zähneputzen transformieren zu wollen, kannst du Folgendes tun:

Du nimmst dir deine Zahnbürste und deine Zahnpasta und fühlst, wie sich die Tube und der Stiel in deinen Händen anfühlen. Das kommt dir vielleicht zu Beginn etwas lächerlich vor. Das ist gut! Spüre, wie deine Bewertungen und Vorurteile mit dir zu sprechen beginnen. Du kennst sie gut, sie sind deine intimsten Berater seit Jahrzehnten. Doch für die nächsten drei Minuten hast du dir vorgenommen, sie und ihre Meinungen zu erkennen, sie anzunehmen, ihnen aber nicht folgen zu müssen. Nach dem Zähneputzen können sie dir wieder erzählen, was sie wollen. Aber in diesem Moment nimm sie wahr und entscheide dich bewusst, ihren Einflüsterungen (das ist doch Quatsch, wenn dich jetzt jemand sehen könnte, wie peinlich, lass den Unsinn …) nicht zu folgen.

Schraube also den Deckel von der Zahnpastatube ab. Alles, was du jetzt tust, tust du mit voller Aufmerksamkeit. Wenn du die Zahnpasta aus der Tube drückst – wie fühlt sich das an? Welche Qualität hat es, die Paste unter dem Plastik an deinen Fingerspitzen zu fühlen? Bleibe dran! Es geht nicht um Bewertungen, es geht nicht darum, ob diese Erfahrung nach einem Punktesystem oder einer arbiträren Skala wichtig oder unwichtig ist. Vielleicht kannst du den Geruch der Zahnpasta ganz leicht wahrnehmen, wenn sie auf der Zahnbürste verteilt ist?

Fange jetzt an, deine Zähne zu putzen. Putze sie mit so viel Aufmerksamkeit, wie du es noch nie zuvor getan hast. Du kannst dabei jeden Millimeter in deinem Mundraum deutlich spüren. Es macht einen Unterschied, ob die Zahnbürste sich an den Backenzähnen oder den Schneidezähnen bewegt. Dein Zahnfleisch fühlt sich an jeder Stelle etwas anders an. Die Art, wie du die Bürste hältst, und die Art, wie sich deine Hand bewegt, verändern sich von Moment zu Moment. Deine Wahrnehmung verändert sich in jeder Sekunde. Die Gedanken, die du hast, die Geschichten,

> die dein Gehirn dir erzählt, verändern sich ebenfalls von Sekunde zu Sekunde. Bleib einfach dran. Vielleicht musst du innerlich schon lachen, vielleicht hat deine Erfahrung etwas Entlarvendes. Vielleicht genießt du sie auch einfach. Zähne putzen auf diese Weise – was für ein Quatsch! Zähne putzen auf diese Weise – was für ein Hochgenuss! Beides stimmt zu hundert Prozent.
> Spüre weiter, wie sich die Zahnbürste in deinem Mundraum anfühlt. Wenn du möchtest, kannst du jetzt für einen Moment die Augen schließen. Dadurch, dass du einen Sinn abgeschaltet hast, werden die anderen etwas sensibler. Wenn du fertig bist, dann hörst du einfach auf. Du spülst die Bürste ab und legst sie zurück. Das ist alles.

Vielleicht hast du das Gefühl, dir zum ersten Mal einfach nur die Zähne geputzt zu haben, anstatt gleichzeitig 200 andere Dinge zu denken oder zu tun. Wenn diese Erfahrung für dich seltsam, besonders oder auf irgendeine Weise interessant ist, versuche die nächsten sieben Tage lang auf diese Weise deine Zähne zu putzen. Beobachte, was passiert.

Kaffee
Zähne putzen ist schön und gut (und gesund), doch für die meisten von uns ist es wesentlich leichter, die Ocha-Praxis mit einer Tätigkeit zu beginnen, die wir ohnehin genießen und als etwas «Besonderes» empfinden. Es ist nicht der eigentliche Zweck dieser Übung, kann aber den Einstieg erleichtern. Wähle also beim vierten O eine Tätigkeit, die du so gern tust, dass du sie noch intensiver erfahren möchtest. Am besten, es ist etwas, auf das du dich am Morgen richtig freust, eine Art Ritual.

Für viele Menschen ist dieses morgendliche Ritual das Kaffeetrinken. Kaum sind die Augen geöffnet, kommt der Gedanke daran. Das sind doch beste Voraussetzungen, um einzuhaken! Ich freue mich, auf diesem Wege nicht nur den «Ocha», den

Tee, als etwas Besonderes hervorheben zu können, sondern auch den absolut gleichwertigen Genuss von Kaffee. Zwei Fliegen, eine Klappe. Wenn du heißes Wasser trinkst, Saft, Sojamilch oder Rhabarberschorle: Es gilt das Gleiche.

> Wie bereitest du dir Kaffee zu? Alles beginnt mit dem ersten Schritt: dem Griff zu den Bohnen oder zu der Tüte mit dem bereits gemahlenen Kaffee, dem Griff zum Tab oder zur Kapsel. Auf welcher Grundlage du dir Kaffee machst, ist für deine Ocha-Praxis unerheblich. Es geht nicht um die korrekte Form, um die bestmögliche Bohne oder die perfekte Temperatur. Die Gedanken daran kannst du fallenlassen. Tu einfach das, was du tust, und tu es mit voller Aufmerksamkeit.
> Wenn du die Dose öffnest, genieße den Geruch. Genieße, wie es sich anfühlt, wenn der Kaffeelöffel das gemahlene Pulver abschöpft – da ist ein Geräusch, hörst du es? Spür die Beschaffenheit des Kaffeefilters, der Knöpfe an der Maschine.
> Wenn das Wasser kocht, welche Geräusche entstehen dabei? Bleibe in der Zeit, in der der Kaffee durchläuft und du nichts zu tun hast, mit deiner Aufmerksamkeit präsent. Immer, wenn du merkst, dass deine Gedanken abschweifen, bring sie sanft zurück zu dem, was gerade passiert. Das geht am besten über die Sinne: Was riechst du, was fühlst du, was hörst du? Bist du mit deinem Atem verbunden, mit dem Gefühl der Erdung durch deine Füße auf dem Boden? Du kannst immer dazu zurückkommen, egal, wie weit deine Gedanken weggeflogen sind. Spüre. Dampft der Kaffee schon, breitet sich der Geruch in der Küche aus? Zischt das Wasser? Wie fühlt sich dein Körper an, während du wartest– spürst du Vorfreude? Wenn ja, wo?
> Ist der Kaffee fertig, genieße jeden Moment des Trinkens. Genieße die warme Tasse in der Hand und das sich

> langsam abkühlende Getränk an den Lippen. Verteile den Kaffee im Mund, schmecke jede Nuance. Wärmen die ersten Schlucke deinen Hals?
> Wenn du ein Kaffee-Zenmönch sein möchtest, beziehe auch das Reinigen der Utensilien in diese Erfahrung mit ein. Die Tasse, die Maschine, die Kanne. Alles kommt zurück an den Platz, an dem du es morgen wieder vorfinden willst.

Wie fühlst du dich, wenn diese Erfahrung von «Ocha» abgeschlossen ist?

Frühstück
Wenn du ein Stück weitergehen möchtest, experimentiere damit, dein Frühstück auf diese Weise zu essen: Das fängt beim Decken des Tisches an und hört beim Abwaschen bzw. Geschirr-in-die-Spülmaschine-Stellen wieder auf. Tu alles bewusst, mit allen Sinnen, ganz so, wie ich es oben für das Tee- bzw. Kaffeetrinken beschrieben habe. Eine einzige Tomate kann zu einer sehr intensiven Erfahrung werden. Unsere Sinne holen uns immer wieder zurück in den Moment. Im Kum Nye, dem tibetischen Yoga, heißt es, dass die Sinne «die Tore der Erfahrung» sind. Warum also nicht diese Tore weit öffnen und Erfahrungen einladen?

Wenn du möchtest, lass das Radio aus, leg das Handy zur Seite und iss – mit allen Sinnen und all deiner Aufmerksamkeit. Guten Appetit!

Kaltes, klares Wasser
Wenn du nach dem Aufstehen zuerst ins Bad gehst, mach das zum Gegenstand deiner Ocha-Praxis. Kaltes Wasser zur Erfrischung kann nicht nur den Körper aufwecken, sondern auch die Aufmerksamkeit.

Spüre, wie das Wasser in deine Hände läuft, wie sich die Kälte auf der Haut anfühlt, bevor du damit dein Gesicht wäschst. Sei zu einhundert Prozent da, sei völlig und absolut anwesend. Wie fühlt sich deine Haut jetzt an? Sieh in den Spiegel, aber sieh nicht irgendwelche Mängel oder scheinbare Probleme, schaue so, als wären deine Augen der Spiegel, als würden sie klar und scharf alles reflektieren und aufnehmen, was da ist – ohne zu werten. Kannst du für einen Moment zum Spiegel werden? Atme, fühle, verliere nicht den Kontakt zum Boden und zu den Empfindungen auf deiner Haut. Trockne dann dein Gesicht und mache mit deinem üblichen Tagesablauf weiter. Alles keine große Sache.

Rauchen

Osho, ein indischer Mystiker und Meditationslehrer, der 1990 verstarb, berichtet von einem Kettenraucher, der ihn um Rat fragte. Dieser hatte schon 30 Jahre lang intensiv geraucht und eine Vielzahl von Versuchen unternommen, damit aufzuhören. Nichts hatte funktioniert. Der Mann war verzweifelt und fragte Osho, ob er nicht einen Tipp oder eine Methode für ihn wüsste. Osho, der einen sehr speziellen Sinn für Humor hatte und seine Schüler immer wieder mit unkonventionellen Aufgaben herausforderte, entgegnete ihm: Anstatt zu versuchen, mit dem Rauchen aufzuhören, solle der Mann lieber stolz darauf sein, dass er über einen so langen Zeitraum diese ausgeprägte Fähigkeit entwickelt hätte. Osho bezeichnete ihn als großen Yogi des Rauchens. Er fragte den Mann, warum er denn nicht aus dem Rauchen selbst eine meditative Übung machen würde. Die Zen-Mönche täten dies schließlich auch mit ihrer besonderen Art, Tee zuzubereiten und zu trinken.

Der Mann war perplex. Osho hatte sein Denkmuster, mit dem er jahrelang gelebt hatte, unterbrochen: Auf einmal konnte er sein Handeln, unter dem er so litt, aus einer anderen Perspektive betrachten. Im Coaching nennt man diese Art des Umdenkens «re-framing». Ein Muster, eine Tätigkeit oder ein Glaubenssatz werden neu interpretiert oder in ein anderes Licht gerückt. Dadurch wird die Geschichte unterbrochen, die wir uns über eine bestimmte Situation in einer Endlosschleife immer wieder erzählen. In dieser Lücke entsteht Raum für neue, bisher unberücksichtigte Gedanken oder Interpretationen – und Lösungen.

Die Methode, die Osho diesem Mann zum meditativen Rauchen empfahl, hat mich begeistert. Er riet dem Mann, ab sofort mit voller Bewusstheit zu rauchen.

Wenn du diese Methode für «Ocha» ausprobieren willst, muss das gar nicht aus dem Wunsch heraus entstehen, mit dem Rauchen aufhören zu wollen. Die Bewertung des Rauchens als gut, gesundheitsschädlich, ein Genuss, ein Laster etc. ist für diese Praxis erheblich.

> Das nächste Mal, wenn du das Verlangen verspürst, eine Zigarette zu rauchen, halte für einen kurzen Moment inne. Richte deine Aufmerksamkeit auf dieses Gefühl. Wie fühlt es sich an, eine Zigarette rauchen zu wollen? Wo spürst du dieses Gefühl in deinem Körper? Gibt es einen bestimmten Punkt, eine bestimmte Region deines Körpers, in der dieses Verlangen oder dieser Wunsch sich besonders bemerkbar machen? Was genau empfindest du?
> Es ist nicht notwendig, diese Empfindung oder dieses Gefühl zu bewerten. Es geht darum, dir etwas bewusst zu machen, das du im Alltag automatisch, ohne nachzudenken, tust.
> Dann kannst du bewusst zu deiner Zigarettenschachtel greifen. Wie fühlt sie sich an? Ist sie noch voll, ist sie schon fast leer? Liegt sie schwer oder leicht in deiner Hand, wie ist das haptische Gefühl der Verpackung?

Wenn du die Zigarettenpackung nun öffnest, nimm eine Zigarette heraus (oder den Tabak aus dem Beutel), und lasse dich auf den Geruch ein. Wie riecht der Tabak, wie riecht die Zigarette? Wenn du möchtest, klopfe mit der Zigarette auf die Schachtel und lausche dem Ton. All diese Dinge: der Geruch, der Klang, das Gefühl, sind integrale Bestandteile der japanischen Teezeremonie.
Wenn du nun die Zigarette in den Mund nimmst, tue auch dies bewusst. Der Moment, in dem du die Zigarette anzündest, ist etwas sehr intensiv Erfahrbares. Der Klang des Streichholzes oder Feuerzeugs, die entstehende Hitze, das Knistern des verbrennenden Tabaks. Wenn du den ersten Zug der Zigarette nimmst, nimm ihn bewusst. Inhaliere, atme ein und bleib mit deiner Aufmerksamkeit ganz bei diesem Gefühl. Bei jedem einzelnen Zug.
Wenn du die Zigarette ausdrückst, die Schachtel weglegst und aufstehst, verweile kurz bei deiner Erfahrung. Wo ist es jetzt, das Gefühl, rauchen zu wollen? Wo ist der Unterschied zu davor?

In der Geschichte hat Osho abschließend zu dem Mann gesagt: «Wenn es aufhört, hört es auf. Wenn nicht, dann nicht. Du brauchst dir keine Sorgen darüber zu machen.»

Als der Mann nach drei Monaten zu Osho zurückkam, um ihm zu berichten, dass er tatsächlich mit dem Rauchen aufgehört habe, antwortete Osho: «So, dann versuch es jetzt auch mit anderen Dingen.»

Wenn wir eine in unseren Augen schlechte Angewohnheit haben, tendieren wir dazu, dieses unerwünschte Verhalten eingehend zu analysieren, es bis zu den Wurzeln durchdringen zu wollen. In der Meditationspraxis ist es aber nicht wichtig zu durchschauen, was primär dazu geführt hat, dass wir zum Beispiel eines Tages mit dem Rauchen begonnen haben. Osho hat dem Mann eben nicht geraten: «Überlege, warum du mit dem

Rauchen angefangen hast. Mache dir klar, wie schlecht das für dich ist.» Osho hat einfach nur gesagt: «Lenk all deine Aufmerksamkeit auf das, was du dort tust.»

Denn allein dadurch legen wir bereits den Grundstein dafür, dass eine Veränderung stattfinden kann.

Ocha während des Arbeitstages

In der New York Times schreibt die Autorin Ruth Whippman, dass ihr «Mindfulness» als Wunderwaffe gegen Stress empfohlen wurde. Ohne einen Kurs zu besuchen oder sich weiter zu informieren, beginnt sie auf Anraten einer Freundin damit, «achtsames Geschirrspülen» zu praktizieren. Schnell merkt sie, dass die Achtsamkeit ihre Ablehnung gegen das Geschirrspülen intensiviert: Sie spürt Widerwillen in sich aufsteigen, denkt darüber nach, wie gern sie das Spülen lassen würde, wie sehr ihr all die täglichen Aufgaben zur Last fallen, wie viel lieber sie jetzt im Urlaub in Thailand wäre. Erst diese Gedanken, die Phantasie vom Thailandurlaub, lassen ihr das Geschirrspülen erträglich werden.

Ich kann Ruth Wippmann absolut verstehen. Etwas Unangenehmes durch die Achtsamkeitspraxis in etwas Heißgeliebtes verwandeln zu wollen, ist ein unerfüllbarer Anspruch. Genau so zynisch wäre es, Menschen in schwierigen Lebenssituation den Rat zu geben, sie müssten «einfach mal mehr Achtsamkeit» praktizieren.

Daher beginnen wir in OOOO+X mit Dingen, über die wir uns freuen oder die wir als angenehm empfinden. Hast du Ocha bei diesen Tätigkeiten etabliert, kannst du experimentieren: Was passiert, wenn du es in Situationen anwendest, die eher zum «drögen» Teil deines Alltags gehören? Oder sogar bei Dingen, die dir vordergründig «negativ» erscheinen? Wie – manchmal zumindest – die Arbeit?

E-Mails

Für mich fällt E-Mails zu schreiben definitiv unter «sehr negativ»: Trotz meiner Tätigkeit als Songschreiber, Rapper und jetzt wohl irgendwie auch als Autor bin ich ein ziemlicher Digital-Kommunikationsmuffel.

Für die meisten von uns gehört das E-Mail-Schreiben zum täglichen Arbeitsablauf dazu und wird recht neutral bewertet. Wenn wir E-Mails beantworten, richten wir unsere Aufmerksamkeit meist auf die Inhalte. Wir denken über die Worte nach, planen schriftlich unsere nächsten Arbeitsschritte, konzentrieren uns auf Termine.

Richten wir in diesen Momenten unsere Aufmerksamkeit allerdings zusätzlich auf unseren Körper, können wir eine beruhigende, erdende Qualität dazuholen. Wir müssen dafür nicht aufhören mit dem, was wir gerade zu erledigen haben. Wir lassen lediglich zu, dass sich die zweite Ebene der Aufmerksamkeit öffnet.

Nächstes Mal, wenn du eine E-Mail schreibst oder einen Text bearbeitest, kannst du die folgende Übung durchführen:

> Erweitere deine Aufmerksamkeit während des Tippens von deinen Gedanken auf deine sensorische Wahrnehmung. Spüre, wie deine Fingerkuppen die Tastatur berühren. Wie liegen deine Hände auf dem Tisch auf?
> Dieser Kontakt zu den Händen lässt sich gut herstellen, wenn du ihn mit deiner Atmung verbindest: Kannst du spüren, wie dein Atem ein- und ausströmt, während du schreibst? Lenke deine Aufmerksamkeit nicht von den Inhalten deiner Tätigkeit weg: Schreibe deine Mail weiter, überlege, wie du sie formulierst, aber bringe die Erfahrung deiner Hände und deines Atems mit in den Moment hinein.
> Mach dir keine Sorgen, falls dir das anfangs nicht konstant gelingt und deine Aufmerksamkeit vielleicht hin und her

> springt. Statt die Übung als «Multitasking» zu praktizieren, entspann dich einfach. Es wird dir nach und nach leichter fallen.
> Wenn du deine Hände und deinen Atem für ein paar Momente bewusst gespürt hast, lass die Übung los und schreibe ganz normal weiter. Du kannst jederzeit zu ihr zurückkommen.

Vor allem in Stresssituationen oder Momenten der Anspannung kann diese Übung helfen, Verspannung zu lösen und «Raum» zu kreieren, in dem du freier atmen kannst.

Durch das Büro laufen
Deine Kollegen werden denken, du bist verrückt – perfekt, was willst du mehr? Wahrscheinlich fällt ihnen aber gar nicht auf, dass du etwas Ungewöhnliches tust. Weniger weil sie eh schon dachten, du seist verrückt, sondern weil die folgende Übung so alltäglich ist, dass du sie jederzeit praktizieren kannst. Du tust nichts anderes als das, was du eh bereits getan hast. Du bringst einfach eine zusätzliche Bewusstheit in die Dinge, die du sonst mechanisch tust. Wie sagte Osho? «Dies ist das Geheimnis: Sei kein Automat.»

Wenn du wie ich also manchmal von deinem Schreibtisch aufstehen musst, um nachzudenken und dich ein wenig zu bewegen, dann kannst du dies als einfache Form einer Gehmeditation nutzen. Statt aufzuspringen und in Gedanken zu versinken, versuch Folgendes:

> Stell dich hin und nimm Kontakt zu dem Gefühl auf, mit beiden Beinen auf festem Boden zu stehen. Bring deine Aufmerksamkeit in die Füße.
> Jetzt mach den ersten Schritt, langsam und bewusst. Fühle, wie dein Fuß sich hebt, welcher Teil deines Fußes dies zuerst tut und welcher Teil dieses Teiles die Bewegung

als Erstes wahrnimmt. Sei detailreich in deiner Wahrnehmung. Laufen ist eine komplexe, faszinierende Angelegenheit: Um das Gleichgewicht zu halten, müssen verschiedene Teile deines Bewegungsapparates zusammenspielen. Vergegenwärtige dir, ob du in deinen Füßen spüren kannst, wie vielschichtig und gleichzeitig absolut simpel dieser Ablauf ist. Spüre, wie dein Gewicht sich verlagert, wenn du den Fuß vom Boden hebst und ihn nach vorne bewegst. Was passiert, wenn du ihn wieder absetzt?
Gehe auf diese Art ein paar Minuten durch den Raum. Vielleicht musst du alle paar Schritte an der Wand anhalten und dich wieder in die andere Richtung drehen. Genieß es! Unter Umständen musst du lachen, weil du eine banale Tätigkeit wie das Laufen zu einer Meditation machst. Gut so! Lauf und lach weiter, aber bleib dabei bewusst.

Ocha und dein Smartphone – eine Übung für Fortgeschrittene

Nimm dir für diese Übung eine Tasse frischen Tee und dein Smartphone zur Hand. Kippe nun den Tee langsam und achtsam über deinem Telefon aus. Genieße, wie frei du dich danach fühlst!

Halt, stopp, das war natürlich nur Spaß. Du musst weder deinen Fernseher exekutieren, um den Offenen Raum zu praktizieren, noch dein Handy ertränken, um Ocha zu üben. Das wäre ein sehr kostenintensiver Vorschlag. In OOOO+X wollen wir ja aber gerade mit den alltäglichen Dingen und Abläufen arbeiten, statt sie über den Haufen zu werfen.

Die Meditation mit dem Smartphone ist allerdings nichtsdestotrotz eine Herausforderung! Sie ist etwas für Fortgeschrittene. Für mich jedenfalls ist sie ein fortlaufendes Experiment, an dem ich mich immer wieder aufs Neue abarbeite. In 99 Prozent der Fälle, in denen ich mein Handy in die Hand nehme, denke ich nicht an diese Übung. Okay, in 99,99 Prozent. Aber wenn sie gelingt, ist sie eine ziemliche eindrückliche Erfahrung.

Wenn du bereits gefestigte Erfahrung mit Sitzmeditation gemacht hast – oder wenn du einfach verrückt bist und ausprobieren willst, wie sich deine Bewusstheit bei der Smartphonenutzung bewegt – versuche es mal mit der folgenden Meditation.

> Nimm ein paar tiefe Atemzüge, spüre die Verbindung deiner Füße zum Boden. Nun nimm dein Handy aus der Tasche und tu eine relativ belanglose, alltägliche Sache damit, check zum Beispiel deinen Facebook-Feed oder scroll dich durch Instagram. Versuche dabei aufmerksam und gegenwärtig zu sein. Beobachte, wie du dich fühlst, wenn du das Smartphone aus der Tasche nimmst, es entriegelst und beginnst, deine Aufmerksamkeit auf die virtuellen Informationen und Abläufe zu lenken.
> Versuche, die Gesamtheit deiner Erfahrung wahrzunehmen: Spüre deinen Atem, spüre, wie dein Körper sich anfühlt, wie deine Füße auf dem Boden stehen und dein Hintern auf dem Stuhl aufliegt. Kannst du eine panoramische Aufmerksamkeit herstellen? Nimm dazu auch Gerüche wahr, höre, was um dich herum passiert, und erlaube deinen Augen, auch das zu sehen, was links, rechts, ober- und unterhalb des Bildschirms passiert. Bekommst du ein Gefühl dafür? Nimm das Licht wahr, das die Sonne oder die künstliche Beleuchtung in den Raum wirft. Hörst du die Geräusche der Straße oder der Natur um dich herum?

Es geht bei dieser Übung nicht darum, ein bestimmtes Ziel zu erreichen, sondern zu erkennen, was deine Aufmerksamkeit macht und wie sie bestimmt, was durch deine Filter dringt. Du kannst damit experimentieren, dieses «Panoramabewusstsein» aufrecht zu halten, während du dich durch deine Social Apps bewegst. Vielleicht kannst du eine Veränderung in der Gewichtung wahrnehmen, die die Inhalte dieser App für dich haben? Hab Spaß mit dieser Übung!

Der Vorher-nachher-Check-in
Ein spannender Versuch ist es ebenfalls, vor der Smartphone- oder Internetnutzung einen kurzen Check-in zu machen. Atme, fühle, nimm deinen Körper wahr. Mach eine kurze Bestandsaufnahme. Stell dir dann einen Timer auf zehn Minuten und nutze dein Handy ganz normal für das, was du dir vorgenommen hast. Wenn der Timer klingelt, schalte es aus und leg es beiseite. Wie fühlst du dich jetzt? Mach einen zweiten, ehrlichen Check-in. Probiere diese Übung ein paarmal aus und schau, ob es ein wiederkehrendes Muster gibt.

Ocha praktizieren

Um die Meditation vom Sitzkissen in den Alltag zu bringen, praktizieren wir «Ocha», die Aufmerksamkeit für die alltäglichen Dinge.

Am besten suchen wir uns dazu etwas aus, das wir mögen und auf das wir uns freuen: unser morgendlicher Kaffee, eine heiße Dusche ...

Wir integrieren eine bewusste Achtsamkeit in diesen sonst so automatisierten Ablauf. Dafür bedienen wir uns all unserer Sinne: Wir fühlen, riechen, schmecken, hören, betrachten die Details der Situation. Wenn wir gedanklich abschweifen, kehren wir zurück zu dem, was wir unmittelbar wahrnehmen.

Diese Übung vertieft die Einsicht in unseren Geist und kann alltägliche Vorgänge und Tätigkeiten zu etwas transformieren, das uns auf unserem Weg zu mehr Ausgeglichenheit, Freude und Präsenz unterstützen kann.

– Such dir etwas aus, das du jeden Tag tust und genießt
Nimm dir nach dem Aufstehen den Offenen Raum. Meditiere und schreibe auf, für was du dankbar bist. Dann tue eine Sache, die du genießt, mit voller Aufmerksamkeit.

– Tu es «für dich»
Die objektive «Bewertung» dieser Sache soll nicht im Vordergrund stehen. Es geht um die Erfahrung. Sei anwesend, bleibe präsent, genieße, was du tust.

– Übe eine Zeitlang mit einer einzelnen Sache
Um tief in die Erfahrung einzusteigen, ist es hilfreich, wenn du dir eine bestimmte Sache aussuchst und eine Zeitlang bei dieser Praxis bleibst. Du wirst jedes Mal neue Nuancen und Details feststellen. Du wirst merken, wie sich deine Aufmerksamkeit von Tag zu Tag anders verhält. Experimentiere, erfahre, genieße.

– Wenn du etwas Erfahrung hast, probiere Ocha auf «neutrale» oder «negative» Tätigkeiten anzuwenden
Wie fühlt es sich an, Ocha mit etwas zu praktizieren, das nicht nur erfreulich für dich ist? Gib dir etwas Zeit, bevor du das ausprobierst. Und wenn, dann sieh es als Experiment! Was kannst du beobachten?

Mein Versprechen an mich selbst

Werde dir im Klaren über dein Was, dein Wieviel und dein Warum. Gib dir selbst dieses Versprechen, anzufangen und dabeizubleiben.

Um meine Meditationspraxis in den Alltag zu bringen, werde ich ab .... Ocha praktizieren. Ich werde dafür jeden Tag .... mit all meiner Bewusstheit und Aufmerksamkeit tun.

Es ist mir wichtig, die Ocha-Methode zu praktizieren, weil ....
....
....
....

Nach .... Tagen ziehe ich mein Resümee. Bis dahin bleibe ich dran!

....

Unterschrift, Datum

DAS X: EXERCISE
WARUM KÖRPER UND GEIST NICHT GETRENNT SIND UND WIE UNS DAS HILFT, PRÄSENT ZU SEIN

«Auf der ganzen Welt gibt es nichts Wichtigeres, als die Kostbarkeit unserer menschlichen Verkörperung wertzuschätzen und zu tun, was wir können, um Gesundheit und Glück für uns und andere zu vermehren.»
Tarthang Tulku

Kaffee kochen, spazieren gehen, eine E-Mail schreiben – all diese Dinge haben eine Sache gemeinsam, die so offensichtlich ist, dass es schon fast absurd klingt, sie besonders hervorzuheben: Wir tun sie mit unserem Körper. Durch die meditative Aufmerksamkeit auf diese Bewegungen und Abläufe und darauf, wie wir uns dabei fühlen, transformieren wir sie zu einer Achtsamkeitspraxis.

Das Objekt, zu dem wir während der Meditation und bei der Ocha-Praxis immer wieder zurückkehren, wenn wir abgelenkt sind, ist ebenfalls unser Körper: unser Atem, unsere Füße, unsere Hände. Die unmittelbare Erfahrung unseres Körpers bringt uns zurück in den jetzigen Moment. Unsere Verkörperung, die Art, auf die wir uns durch unseren Körper ausdrücken und kommunizieren, ist immer auch ein Spiegel unseres Geistes und seines gegenwärtigen Zustands.

Und doch tun wir so, als wären unser Körper und unsere Gefühle, Emotionen und Gedanken voneinander getrennt. An unseren Körper denken wir, wenn wir zehn Kilo abnehmen wollen, einen Marathonlauf anstreben oder uns besser im Spiegel gefallen möchten. Dann achten wir vermehrt auf ihn, reduzieren Kalorien, gehen ins Fitnessstudio oder suchen uns einen Trainer.

Wollen wir uns mental verändern, fangen wir vielleicht mit Meditation oder Autogenem Training an. Wenn wir unsere Konzentrationsfähigkeit oder unseren Fokus verbessern oder ein mentales Problem lösen möchten, suchen wir Hilfe bei einer Coachin oder lesen ein inspirierendes Buch. In den seltensten Fällen kommen wir dabei auf die Idee, unsere körperliche Verfassung unter Zuhilfenahme des Geistes zu verbessern – oder unsere geistige Gesundheit über das Vehikel des Körpers positiv zu beeinflussen.

Dabei ist der Zusammenhang zwischen Körper und Geist offensichtlich, lange bekannt und wissenschaftlich bewiesen. Den alten Spruch der Römer, dass ein gesunder Geist in einem gesunden Körper wohnt, kann man genauso gut umdrehen und sagen, dass ein gesunder Körper immer auch einen gesunden Geist benötigt. Es handelt sich nicht um zwei voneinander unabhängige Systeme. Körper und Geist bedingen sich gegenseitig, beeinflussen sich und können einander helfen, gesund zu werden und optimal zu funktionieren. Allerdings können körperliche Probleme auch unseren Geist besetzen und verwirren – und mentale Schwierigkeiten zu einer geringeren körperlichen Aktivität und Antriebskraft führen. Dies wirkt sich wiederum negativ auf unsere Psyche aus, und wir verspüren mitunter sogar noch weniger körperliche Energie.

Wir befinden uns also konstant in diesem sich wechselseitig beeinflussenden System. Die gute Nachricht ist, dass wir innerhalb dieses Systems an jedem Punkt ansetzen können, um es zu kräftigen und zu heilen. Wir können den Geist durch unsere Verkörperung nicht nur ausdrücken, sondern auch stärken und unterstützen – und umgekehrt. So hat die Praxis von X zwei Aspekte:

1. Wenn wir über innere Veränderung sprechen, müssen wir den Körper mit einbeziehen. Hast du noch keine regelmäßige physische Praxis, kannst du sie anhand der Vorschläge und Anregungen aus diesem Kapitel etablieren.

2. In dieser Praxis beziehen wir den geistigen Aspekt aktiv mit ein. Wenn du bereits regelmäßig Sport treibst oder ein körperlich aktives Leben führst, kannst du durch das X einen mentalen Fokus auf deine Aktivitäten richten.

Der Körper als Hilfe für den Geist

Bis zur Industriellen Revolution vor etwa 100 Jahren war der Lebensstil der meisten Menschen in der westlichen Welt von größerer körperlicher Aktivität geprägt als heute. Heute fahren wir mit dem Bus oder dem Pkw zum Büro, statt zum Feld zu laufen, wir bekommen Energie und Wasser aus der Leitung, statt Holz zu hacken oder zum Brunnen gehen zu müssen. Lieferdienste ersparen uns seit einigen Jahren sogar das Einkaufen oder den Weg in ein Restaurant. Während der Arbeit sitzen wir am Computer oder einem anderen fixen Arbeitsplatz. Dieser Lebensstil führt dazu, dass wir uns innerhalb unseres normalen Alltagsrhythmus viel weniger bewegen, als es unser Körper benötigt.

Die offensichtlichen physischen Auswirkungen dieses Lebensstils kennen wir alle: Wir kommen schneller außer Atem, mehrere Stockwerke zu Fuß zu bezwingen wird zum anstrengenden Abenteuer, und auf der ganz profanen Ebene müssen wir unsere Kleidung irgendwann ein oder zwei Nummern größer kaufen. Doch es gibt weitaus schwerwiegendere Konsequenzen als eine Herbstgarderobe in Übergröße: Ärzte haben bis zu 35 verschiedene chronische Krankheiten ausgemacht, die mit fehlender körperlicher Bewegung in Zusammenhang stehen, u. a. Herz-Kreislauf-Erkrankungen, Typ-2-Diabetes, diverse Erkrankungen des Verdauungstraktes und bestimmte Arten von Krebs. Im Umkehrschluss hilft uns ein regelmäßiges körperliches Training dabei, diesen Krankheiten vorzubeugen und größere Energien für den Alltag freizusetzen.

Die Wechselwirkungen von körperlicher Aktivität und psychischer Gesundheit werden nur selten von uns wahrgenommen – vielleicht weil sich geistige Zustände schwieriger quantitativ messen lassen. Es ist jedoch erwiesen, dass körperliche Bewegung und Sport zu einer Verbesserung der Symptome bei Depressionen und Angstzuständen führen. Endorphine werden freigesetzt, die unsere Stimmung positiv beeinflussen, zusätzlich hilft aktive Betätigung dabei, Stress und Anspannungen abzubauen. Auch wenn sich die Wissenschaft über eine exakte «Mindestanforderung» für Dauer und Intensität eines solchen auf die Psyche wirksamen Trainings bisher nicht einig ist: Der positive Effekt von körperlicher Aktivität auf unseren allgemeinen Gemütszustand lässt sich laut Dr. Michael Otto, Psychologieprofessor an der Boston University, bereits nach wenigen Minuten moderaten Trainings feststellen.

Den Gedanken, dass unser Körper nicht nur den momentanen Gemütszustand, sondern auch eine längerfristige geistige Entwicklung begünstigen kann, finden wir zum Beispiel in vielen asiatischen Kampfkünsten. Hier ist es die erklärte Absicht, durch die körperlichen Übungen mentale Qualitäten wie Ausgeglichenheit, eine intensivierte Wahrnehmung und meditative Klarheit zu entwickeln. In der japanischen Kultur hat beispielsweise der Zen-Buddhismus das Bogenschießen ebenso zu einer Praxis von Achtsamkeit geformt, wie er es mit der Teezubereitung getan hat. In der indischen Yogatradition begegnen wir der Vorstellung, dass die Positionen und Bewegungen der Öffnung der geistigen Potenziale dienen und als Vorbereitung für die Sitzmeditation fungieren. In den tibetischen Yogasystemen ist die Bewegung an sich die Meditation, in schamanischen Riten begünstigt sie die spirituelle Trance – und gleich um die Ecke finden wir Therapeuten und Coaches, die mit dem Körper ihrer Klienten arbeiten, um mentale Muster zu unterbrechen und neue Denkansätze zu ermöglichen.

Bei unserem Wunsch nach persönlichem Wachstum und Veränderung sind wir daher gut beraten, den Körper nicht außen vor zu lassen – im Gegenteil, wir sollten ihn nutzen, um unsere Erfahrung zu stärken, unseren Geist zu klären und um mit Aspekten unser Persönlichkeit in Kontakt zu treten, die uns bisher vielleicht verborgen waren.

Dafür brauchen wir vorerst keine Mitgliedschaft im Fitnessstudio oder eine Zehnerkarte fürs Pilates (obwohl beides gut ist!). Wir brauchen nur unseren eigenen Körper, so wie er gerade ist, und die Motivation, uns etwas Gutes zu tun.

Sport und Couchpotatoes

Wie du inzwischen weißt, ist OOOO+X eine tägliche Praxis. Natürlich ist es besser, dreimal in der Woche zu meditieren statt nie, doch wir wollen versuchen, die fünf Aspekte täglich in unser Leben zu integrieren. Das gilt auch für das X. Für den Anfang ist es ausreichend, wenn wir ein paar Minuten pro Tag dafür aufwenden. Bereits sieben Minuten Training sind, wie wir gleich sehen werden, sehr hilfreich – und zu ein oder zwei Lieblingssongs zu tanzen kann Wunder für unsere Stimmung bewirken.

Wenn du bereits regelmäßig Sport treibst und dich in dieser Hinsicht gut ausgelastet fühlst, musst du dir nicht unbedingt eine «neue» Methode aneignen – versuche einfach, deine bisherigen Aktivitäten zu adaptieren. Gibt es in deiner Sportart einen oder mehrere Aspekte, die du zu einer täglichen Praxis machen könntest? Gibt es bestimmte Drills, Bewegungsabläufe oder Sequenzen, die sich gut nutzen lassen, um nach dem Aufstehen das X zu praktizieren? Gibt es andere, die zum Abend passen würden? Vielleicht findest du etwas, das du in deine OOOO+X-Routine aufnehmen kannst. Oder du ergänzt deinen Sport anhand der folgenden Vorschläge: Yoga passt hervorragend zum Snowboarden, Kickboxen und Seilspringen passen sowieso zueinander, und Tanzen passt immer und zu allem. Wenn du viermal pro Woche morgens einen Fünf-Kilometer-Lauf machst, dann legst du an den anderen drei Tagen eine zusätzliche Stretching-Session ein. Probiere aus, was dich anspricht und praktiziere dann eine Übung oder Sequenz für eine gewisse Zeit. Schau, was passiert.

So, und jetzt zu uns Couchpotatoes: Irgendwie graut es uns vor der Idee, «Sport» treiben zu «müssen», oder? Achtsamkeit, Meditation, Dankbarkeit – das hört sich alles so ruhig und entspannt an! Und nun sollen wir auf einmal schwitzen und Liegestütze machen?

Doch auch für die Bequemeren unter uns gibt es gute Neuigkeiten: Die Praxis des X muss keine herkömmliche Fitness-Session sein, wir müssen nicht im Aerobic-Outfit vor dem Laptop herumturnen und verdammt noch mal auch keinen Zehn-Tages-Trial beim Hot-Yoga durchpowern. Wir fangen da an, wo wir sind.

Was und wie lange?

Du ahnst es: Was du als X praktizierst, kommt sehr auf dich und deine Vorlieben an. Wie lange du pro Tag praktizierst, ebenso – ich würde allerdings ein Minimum von sieben Minuten vorschlagen. Das ist die durchschnittliche Zeit von zwei Songs, drei Sonnengrüßen oder einem Durchlauf des «Sieben-Minuten-Trainings».

Das X in deine Morgenroutine einzubauen ist eine gute Idee: Morgens haben wir mehr Willenskraft, Störfaktoren (unerwartete Anrufe, Planänderungen oder zu erledigende Aufgaben) sind geringer als im weiteren Verlauf des Tages, und wir profitieren direkt von den dadurch produzierten Endorphinen. Probiere es aus!

Fang da an, wo du bist: ohne oder mit Geräten, ohne oder mit Erfahrung, in jedem Fall aber ohne Leistungsdruck.

Die Evergreens

Seilspringen: Tabata
Um nach langer Trainingspause dein Körpergefühl zurückzubekommen oder dich überhaupt mit ihm zu verbinden, kannst du einfache Übungen nutzen. Warum nicht eine gute Playlist anschmeißen und seilspringen? Jeweils 20 oder 30 Sekunden springen, zehn Sekunden Pause, 20 oder 30 Sekunden sprin-

gen ... für vier bis fünf Minuten. Das wäre eine Form des sogenannten Tabata-Trainings. Der japanische Wissenschaftler Izumu Tabata hat es als spezielle Variante des hochintensiven Intervalltrainings entwickelt, in dem sich kurze, intensive Belastungsphasen mit Pausen abwechseln. Um den größten Effekt zu erzielen, solltest du mindestens bei ungefähr 80 Prozent deiner Leistungsfähigkeit trainieren. Wie du die findest? Auf einer «Unangenehm-Skala» von eins bis zehn solltest du das Training mindestens als eine Acht einschätzen. Achte darauf, dass du dich nicht selbst beschummelst.

Burpees: Tabata
Dieselbe Art des Tabata kannst du auch mit sogenannten Burpees machen, einer hervorragenden Übung, die sowohl Schnellkraft als auch Ausdauer und Muskelkraft gemeinsam trainiert. Ich übe sie gerne in dieser Variante:

1. Du beginnst im Stehen. Von dort aus bringst du deinen Körper abwärts in eine Kniebeuge und berührst den Boden vor dir mit den Händen.
2. Du springst (oder steigst) mit den Beinen nach hinten, sodass du in einer «Planken»-Position landest. Deine Arme sind dabei gestreckt und stützen dich.
3. Du springst (oder steigst) sofort wieder zurück in die Kniebeugeposition.
4. Nun springst (oder stehst) du dynamisch in die gerade Haltung auf und machst einen kleinen Sprung in die Luft, sodass beide Füße den Boden verlassen. Wenn du wieder aufkommst, wiederholst du diese Abfolge.

Für das Tabata-Training gibt es mittlerweile sogar speziell produzierte Songs, in denen die Pausen im Arrangement integriert sind. Du findest sie kostenlos über YouTube oder als Download und Stream auf den diversen Online-Portalen.

Liegestütze
Ein Freund legte mir seine Praxis des X ans Herz: «nur» Liegestütze. Du führst sie so akkurat und dynamisch wie möglich aus. Seine Methode ist es, drei Durchgänge Liegestütze zu machen, jeweils so viele, bis er nicht mehr kann. Damit geht er an sein Leistungslimit. Zwischen den Durchgängen kannst du 15-sekündige Pausen einlegen.

Laufen um den Block
Die oben genannten Varianten sind dir für den Anfang zu herausfordernd? Sei kreativ! Wie kannst du eine Verbindung zu deinem Körper herstellen, ihn bewegen, deine Durchblutung fördern, deinen Herzschlag erhöhen? Vielleicht ziehst du nach dem Aufwachen direkt deine Schuhe an und gehst einmal um den Block? Es dauert nur drei Minuten, und die frische Luft tut gut. Wenn du zügig und dynamisch gehst, erhöht sich die sportliche Komponente – wenn du langsamer und bewusster gehst, kannst du gleichzeitig Ocha praktizieren, das vierte O.

Das Sieben-Minuten-Workout

Wenn dir der Gedanke eines kurzen, knackigen und effektiven Workouts gefällt, für das du im Zweifelsfall nur einen Stuhl oder eine Bank oder etwas Ähnliches benötigst, ist das «Sieben-Minuten-Workout» vielleicht das Richtige für dich. Dabei handelt es sich um 12 Übungen, die jeweils für 30 Sekunden (zehn Sekunden Pause zwischen den Übungen) und nur mit dem eigenen Körpergewicht ausgeführt werden. Mache die Übungen mit voller Intensität, mindestens aber mit 80 Prozent deiner Leistungsfähigkeit. Sie trainieren sowohl das Herz-

Kreislauf-System als auch alle wichtigen Muskelgruppen und Bewegungsabläufe. Das Ganze dauert wirklich nur sieben Minuten, und du kannst mit der richtigen Intensität ein Ergebnis erzielen, das sich mit dem von wesentlich längerem Ausdauertraining vergleichen lässt. Sieben Minuten läuft die Kaffeemaschine – eine Zeit, die sich auf jeden Fall einplanen lässt, oder?

Ich habe das Sieben-Minuten-Workout schon in mehreren Phasen meines Lebens praktiziert, manchmal nicht nur einmal, sondern in mehreren aufeinanderfolgenden Durchgängen. Und jedes Mal habe ich gemerkt, wie rasch sich meine körperliche Fitness verbessert. Ich bekomme einen regelrechten Boost, was Schnelligkeit, Kraft und Ausdauer betrifft.

Das Workout ersetzt natürlich kein umfangreiches Training, doch es bietet eine wirkungsvolle Variante, ein Extra für sportlich Aktive – und einen guten Wiedereinstieg für Bald-wieder-Sportler.

Für Menschen, die seit Jahren gar keinen Sport gemacht haben, stark übergewichtig sind oder deren Bewegungsapparat eingeschränkt ist, wird das Sieben-Minuten-Workout nicht empfohlen – oder in einer Variante, bei der sich der Körper erst an die Übungsabläufe gewöhnen kann. Die gute Nachricht ist: Für all jene gibt es zusätzliche, oft kostenlose Alternativen in den bekannten App Stores. Programme, die mit dem eigenen Körpergewicht arbeiten und mit deren Hilfe du dir eigene Trainingspläne erstellen kannst, sind sehr beliebt und mittlerweile gut ausgereift.

Los geht's mit dem Sieben-Minuten-Workout:

> **1. Hampelmann**
> Den kennst du vielleicht noch aus dem Schulsport: Du springst auf der Stelle hoch und runter und bewegst dabei die Arme über die Seiten über den Kopf. Die Beine sind abwechselnd zusammen und etwas gespreizt.

2. Wall Sit
Setze dich hin, mit dem Rücken an eine Wand gelehnt. Du sitzt so wie auf einem Stuhl – nur ohne Stuhl. Die Oberschenkel sind parallel zum Boden.

3. Liegestütze
Dein Körper ist gespannt und gerade. Wenn du dich zum Boden senkst, achte darauf, dass deine Nasenspitze und dein Bauch zur gleichen Zeit den Boden (beinah) berühren.

4. Bauchcrunches
Lege dich hin, stelle die Füße auf und hebe deinen Oberkörper an. Führe diese Übung entweder so aus, dass deine Schulterblätter und dein oberer Rücken vom Boden abheben, der untere Rücken jedoch flach auf dem Boden bleibt – oder komme ohne Zuhilfenahme der Arme ganz hoch, sodass dein Bauch deine Oberschenkel berührt.

5. Stuhl-Step-up
Hierzu brauchst du einen stabilen Stuhl. Steige abwechselnd mit jeweils einem Bein zuerst auf ihn herauf und strecke die Beine durch, wenn du sicher oben stehst.

6. Kniebeuge
Die Füße stehen etwas weiter als schulterbreit auseinander. Beuge dich von den Knien aus nach unten, Kopf und Oberkörper bleiben gerade, das Gesäß geht nach hinten. Du kommst dabei in ein leichtes Hohlkreuz. Versuche, die Knie beim Beugen auf einer Höhe mit den Zehen zu lassen. Dein Gewicht bleibt auf der Fußmitte. Gehe mindestens so tief in die Kniebeuge, dass deine Oberschenkel parallel zum Boden sind.

7. Dip
Stütze dich mit beiden Händen hinter deinem Rücken auf einem Stuhl auf und lasse dich nach unten sinken, bis deine Oberarme parallel zum Boden sind. Dann drücke dich wieder nach oben.

8. Planke
Stütze dich am Boden auf den Unterarmen und den Zehenspitzen auf. Achte darauf, dass dein Rücken gerade bleibt und du weder in ein Hohlkreuz noch in einen Katzenbuckel gehst.

9. Rennen im Stand oder im Kreis
Laufe auf der Stelle oder in einem kleinen Kreis. Nimm die Knie dabei so hoch du kannst.

10. Ausfallschritt
Gehe mit einem Bein einen Schritt nach vorne und unten, bis der Oberschenkel parallel zum Boden ist. Das hintere Knie berührt fast den Boden. Wechsele nach jedem Ausfallschritt das Bein, mit dem du nach vorne gehst.

11. Liegestütze mit Drehung
Nach jedem Liegestütz machst du eine Oberkörperdrehung, jeweils abwechselnd nach rechts oder links. Dein ganzer Oberkörper dreht sich mit, sodass sich deine Vorderseite zur jeweiligen Richtung hin öffnet. Du streckst den freien Arm aus, bis die Hand senkrecht nach oben zeigt.

12. Seitliche Planke
Auf dem Boden stütze dich seitlich auf deinem Unterarm und einem Fuß ab. Hebe deine Hüfte vom Boden, sodass du in eine gerade Haltung kommst. Stütze dich erst 15 Sekunden auf die eine, dann 15 Sekunden auf die andere Seite.

Das Sieben-Minuten-Workout lässt sich sehr gut mit der Unterstützung einer App ausführen. Es gibt diverse Anbieter dafür – manche verlangen Geld, wer aber etwas sucht, findet garantiert auch eine kostenlose Variante. Moment, werden spitzfindige Menschen jetzt sagen: Ich praktiziere doch den Offenen Raum, ich nutze mein Handy doch gar nicht. Okay! In diesem Fall empfehle ich den Flugmodus zu aktivieren – oder wirklich nur diese eine App zu nutzen statt alle anderen ebenfalls.

Das Gute am Sieben-Minuten-Workout: Es ist wenig komplex und daher leicht zu erlernen. Schon nach ein paar Sessions gehen die Übungen in Fleisch und Blut über, und der Offene Raum ist wieder eine handyfreie Zone. Aber Moment, wie stoppen wir dann die Zeit? Verdammt. Dieses Handy, es schmuggelt sich immer wieder in unser Leben.

Tanzen

In einem meiner OOOO+X-Workshops gab es eine Teilnehmerin, die sich mit der Idee, morgens eine klassische sportliche Aktivität zu betreiben, nicht anfreunden konnte. Ich konnte das verstehen: Wenn man ein Sportmuffel ist, so wie ich es phasenweise definitiv (und mit Ansage) bin, dann kann einem die Sportroutine wie eine unangenehme Verpflichtung vorkommen. Die Praxis des X sollte jedoch kein Zwang sein, sondern ein Experiment – darin, wie wir durch den Körper mehr zu uns selbst finden können.

Die Teilnehmerin und ich stellten in unserem anschließenden Gespräch fest, dass sie Musik liebt und gerne tanzt. Also kamen wir auf folgenden Gedanken: Warum nicht einfach tanzen, um X zu praktizieren? Wir mussten ein wenig lachen bei der Vorstellung, wie wir morgens nach dem Aufstehen erst mal vor dem Spiegel tanzen wie Teenager in einer Hollywood-Komödie, aber sie schien dem Ganzen nicht abgeneigt zu sein. Jalousien unten, Gardinen zu – wovor Hemmungen haben, wenn dich niemand sieht? Wenn du nett bist (und natürlich bist du das), achtest du darauf, ob deine Nachbarn durch die Musik gestört werden würden. In dem Fall kannst du Kopfhörer benutzen.

> Such dir einen oder mehrere Songs aus, die dir besonders gut gefallen. Wenn die Musik beginnt, nimm bewusst die Verbindung zu deinem Körper auf. Wie fühlst du dich gerade? Wie fühlt es sich an, mit den Füßen auf dem Boden zu stehen? Wie fühlen sich deine Fußsohlen an – in Schuhen, in Socken oder barfuß? Kannst du etwas Besonderes spüren, vielleicht dass dein Körper kurz davor ist, sich zu Musik zu bewegen? Wann immer es für dich richtig ist, fängst du an zu tanzen. Deine Augen sind offen oder geschlossen, völlig egal. Niemand sieht dich, du musst keinen guten Eindruck hinterlassen, du musst keine tänzerische Raffinesse an den Tag legen, du kannst einfach loslassen. Wenn du tanzt, komme immer wieder zu deiner Aufmerksamkeit zurück, bringe sie in deinen Körper, zur Atmung und zu deinen Bewegungen. Vielleicht kannst du fühlen, wie das eigentlich ist, zu tanzen. Vielleicht kannst du sogar wahrnehmen, wie dein Körper beim Tanzen zu einem Ausdruck deiner inneren Gefühle wird? Dies ist aber nicht im Sinne eines intellektuellen Konzepts gemeint, über das du nachdenken müsstest. Du fühlst es – oder nicht. Beides ist in Ordnung.

Vom sportlichen Effekt des Tanzens profitierst du am ehesten, wenn du dich zu schnellerer Musik bewegst. Dennoch funktioniert die Verbindung zum Körper genauso gut mit langsamer Musik – vielleicht fällt dir die bewusste Aufmerksamkeit auf den Körper und die Bewegungen sogar leichter. Wie immer gilt auch hier: Du kannst alles ausprobieren. Lasse dich mit einer gesunden Portion Humor auf diese Erfahrung ein. Wähle die

Musik aus, die dir am besten gefällt. Du musst nicht zu Speed Metal oder neunziger Rave abshaken. Obwohl: Der Gedanke, in einem der nächsten OOOO+X-Workshops die Teilnehmer mit einer Speed-Metal-Tanzsession zu überraschen, reizt mich schon ein wenig.

Deine Playlist oder die von dir ausgewählten Songs sind vorbei? Halte für einen Moment inne. Du kannst dich setzen, aber auch stehen bleiben. Atme tief ein und aus und nimm die im Körper stimulierten Gefühle und Empfindungen wahr. Genieße.

Oft, wenn wir meditieren, tanzen oder ähnliche Achtsamkeitsübungen machen, tun wir dies auf eine dualistische Art und Weise. Es gibt *dort* die Meditation und *hier* mich – denjenigen, der sie praktiziert. *Da* ist das Tanzen, und ich bin derjenige, *der tanzt*. Womöglich gibt es sogar einen Teil von mir, der mich und meinen Körper dabei «beobachtet», wie ich tanze.

Was wäre, wenn es während des Tanzens gar keinen Tänzer mehr gäbe? Versuche, diesen ungewöhnlichen Gedanken nicht gleich abzutun. Was würde passieren, wenn es nicht mehr «die Meditation» und «den Meditierenden» oder «den Tanz» und «den Tänzer» (und den Beobachter, es werden immer mehr ...) gibt, sondern nur noch: Tanz an sich? Was wäre, wenn *du der Tanz wirst*? Was wäre, wenn du nicht derjenige bist, der meditiert, sondern die Meditation selbst?

Dynamische Meditation

In vielen Traditionen haben sich Meditationsarten entwickelt, die eine sehr körperliche Komponente haben. Eine davon ist die Dynamische Meditation – es ist auch diejenige, von der ich im Intro spreche: Das laute «Stopp!» ist Teil dieser Praxis. Sie wird mit geschlossenen Augen zu eigens für sie komponierter Musik ausgeführt und besteht aus fünf Phasen:

1. Chaotisches Atmen
Du atmest durch die Nase ein und aus, extrem schnell, tief, chaotisch, ohne erkennbaren Rhythmus. Dazu kannst du deinen ganzen Körper dabei einsetzen.

2. Katharsis
Du lässt alles los, was in dir ist, indem du schreist, springst, dich auf dem Boden wälzt – alles ist erlaubt. Wichtig ist, dass du dies ohne Konzepte tust. Schau einfach, was kommt, lass es da sein, lass es sich verändern. Lass alles raus und halte nichts fest.

3. Hu
Du springst auf der Stelle und tönst dabei immer wieder das Mantra «Hu», bis du ein lautes «Stopp» hörst. In diesem Moment frierst du alle Bewegungen ein, genau da, wo du gerade bist.

4. Meditation
Hier beginnt die eigentliche Meditation. Du bist ganz still und beobachtest. Bewege dich nicht.

5. Tanzen
Zum Abschluss kommst du langsam wieder in die Bewegung. Du kannst tanzen, wie du möchtest. Zelebriere den Moment.

Die Dynamische Meditation wurde von Osho speziell für seine westlichen Schüler entwickelt, von denen er den Eindruck hatte, dass sie sehr in ihren Gedanken und intellektuellen Konzepten darüber, wie die Dinge in ihrem Leben zu sein haben, gefangen waren. Die Dynamische Meditation löst die Starre dieser Konzepte. Da diese Meditation mit vielen Menschen gemeinsam praktiziert wird, zu lauten Klängen, stoßen wir möglicherweise auf innere Widerstände, wenn wir sie zum ersten Mal durchführen. Für mich war und ist diese Meditation eine intensive Erfahrung von Selbstbildern, angestauten Emotionen und deren Loslassen. Zu Beginn war ich sehr damit beschäftigt, mich davon zu lösen, was die anderen von mir denken könnten oder was ich über sie dachte. Jede Phase der Meditation wirkte fremd, ich wollte sie intellektuell begreifen, bevor ich mich auf sie einließ. Bis ich mir sagte: Scheiß drauf! Jetzt bin ich hier.

Wenn du dich mehr mit der Dynamischen Meditation auseinandersetzen möchtest, kannst du im Internet nach Orten in deiner Nähe suchen, wo sie praktiziert wird, oder unter www.curse.de weitere Informationen nachlesen.

Kum Nye

Das tibetische Yoga Kum Nye ist anders als fast alles, was wir aus den bekannteren Yogastilen wie Hatha oder Vinyassa kennen. Tarthang Tulku, dessen Zitaten du in diesem Buch schon begegnet bist, brachte es zu Beginn der 70er Jahre aus Tibet in den Westen. Kum Nye beruht auf medizinischen und yogischen Traditionen Tibets, Indiens und Chinas. Das Wort «Ku» bedeutet Körper, «Nye» Massage. Die Bedeutung von «Ku» umfasst dabei mehr als den physischen Körper: Sie schließt Gefühle und Empfindungen mit ein, unsere Energie und unsere Präsenz. Nye ist also nicht (nur) eine Massage von Muskeln oder Druckpunkten, sondern vor allem auch eine «innere Massage», eine Massage der Gefühle und Empfindungen. Was esoterisch klingen mag, ist im Kum Nye ziemlich direkt erfahrbar. Die meist langsamen Bewegungen, immer verbunden mit dem Atem und dem Fühlen von inneren Abläufen, sind gleichzeitig meditativ und körperlich spürbar. Die Praxis von Kum Nye ist wie eine maßgeschneiderte Brücke zwischen Om, Ocha und X.

Als ich zum ersten Mal in einer Kum-Nye-Klasse saß, dachte ich: «Was ist das denn für ein Rentneryoga?» Die Übungen waren langsam und kamen mir extrem «unsportlich» vor. Auch die bekannteren Yogastile waren für mich nie etwas, das mich über einen längeren Zeitraum fesseln konnte – zu wenig «Action». Ja, ich weiß, das ist ein totales Vorurteil, doch bei diesem Kum Nye schien es noch viel weniger Action zu geben als sonst. Kum Nye kam mir vor wie Yoga für Menschen, denen Yoga zu anstrengend ist. Ich machte die Bewegungen fast in Zeitlupe, ich hörte auf die Empfehlung des Lehrers, in mich hineinzuhorchen, und hörte: nichts. Dachte ich. Doch dieser Eindruck täuscht gewaltig – das durfte ich nach einigen Sessions zu meinem eigenen Erstaunen erleben. Auf einmal konnte ich die «inneren Prozesse», von denen in Bezug auf Kum Nye gesprochen wird, deutlich wahrnehmen. Dieses Rentneryoga löste etwas in mir aus! Ich arbeitete auf völlig neue Weise mit Wertungen, Emotionen und Mustern – ohne sie aktiv und zielgerichtet angegangen zu sein. In mir begannen sich Dinge zu verschieben und zu lösen, auf eine nonverbale, mir bis dato unbekannte Art.

Das war und ist nicht immer angenehm im herkömmlichen Sinne: Kum Nye ist bis heute für mich weit entfernt von Wellness und Spa-Erlebnis, doch es ist kraftvoll. Mit Kum Nye verbindet mich eine Hassliebe – obwohl die Waage immer mehr in Richtung Liebe kippt, so weit schon, dass ich im Herbst 2017 meine Ausbildung zum Kum-Nye-Lehrer abgeschlossen habe.

Die Art, auf die Kum Nye wirkt, ist zunächst eher subtil und entfaltet sich erst über die Zeit. Innere Prozesse werden angeregt, und Blockaden können sich lösen. In den letzten Jahren sind mir immer wieder erfahrene Yogaübende begegnet, die nach den ersten Kum-Nye-Sessions berichteten, dass die Erfahrung etwas «ganz anderes» sei, als sie es aus ihrer Praxis gewohnt waren.

Die körperlichen Übungen des Kum Nye sind für jede und jeden leicht durchführbar. Die Aufmerksamkeit liegt dabei auf der Atmung und den inneren Empfindungen, die angeregt werden, während wir uns bewegen. Durch diesen Fokus ist Kum Nye eine großartige Möglichkeit, die Erfahrung des Körpers mit der Aufmerksamkeit des Geistes zu verbinden. Das Ergebnis ist das wiederhergestellte Gleichgewicht dieser Komponenten. Aus diesem Gleichgewicht entsteht nach den Lehren des Kum Nye echte Entspannung, die über ein Gefühl von Wellness weit hinausgeht und Raum für Heilung bietet.

Kum Nye kultiviert das Prinzip von «Entspannung in der Anspannung» und arbeitet intensiv damit. Das bedeutet, dass wir, ähnlich wie bei der Meditation und der Achtsamkeitspraxis, im Alltag nicht versuchen, etwas «wegzumachen» oder zu verdrängen, sondern uns voll und ganz auf das Erlebte einzulassen. Wir haben einen Abgabetermin, den wir nicht verschieben können, wir werden von anderen Menschen unter Druck gesetzt – dem können wir uns manchmal nicht entziehen. Unsere Aufgaben sind oft vielfältig und anstrengend, sodass wir nicht einfach mal ein paar Stunden Pause machen oder 14 Tage in den Urlaub fahren können. Zu üben, sich in Situationen der Anspannung zu entspannen, ist eine hilfreiche Eigenschaft für unseren Alltag. Wenn wir Anspannung erleben und uns «in sie hinein entspannen», können wir sie dadurch schmelzen lassen. Zu dieser Erfahrung kann Kum Nye einen Zugang ermöglichen.

Ich möchte dir hier ein paar einfache Übungen vorstellen, mit denen du direkt einen ersten Geschmack für die Kum-Nye-Praxis bekommen kannst. Wenn du das X mit diesen Übungen praktizieren möchtest, findest du im Anschluss einige Tipps und weitere Ressourcen zur Kum-Nye-Praxis. Lass uns einfach anfangen – wie immer genau da, wo wir sind.

Beginnen mit den Sieben Gesten
«Die Sieben Gesten» aus dem dritten O, der Meditation, sind die grundlegende Sitzhaltung im Kum Nye. Wenn du mit ihnen deine Meditationspraxis durchführst, kannst du damit direkt in

die Kum-Nye-Übungen einsteigen. Probiere aus, wie es ist, direkt nach einer Kum-Nye-Session zu meditieren – die Übungen beruhigen den Körper und den Geist, sodass sie die anschließende Meditationspraxis unterstützen und vorbereiten.

OM AH HUM singen

Traditionell beginnt (fast) jede Kum-Nye-Session damit, dass die Übende jeweils dreimal die Silben «Om» «Ah» und «Hum» singt.

> Dafür stehst du locker und mit entspannten Knien oder sitzt in den Sieben Gesten, atmest tief ein und intonierst die erste Silbe «Om» beim Ausatmen. In welcher Tonhöhe du das tust, ob du dabei klingst wie Pavarotti oder wie ein verrosteter Föhn – völlig egal. Dann atmest du wieder tief ein und singst bei der zweiten Ausatmung ein langes «Ah» und entsprechend bei der dritten den Laut «Hum». Diesen Kreislauf wiederholst du dreimal und sitzt danach ein paar Momente still. Kannst du dem Klang im Äußeren und Inneren nachspüren?

Gedanken aufhellen

Die Übungen im Kum Nye haben alle sehr sprechende Namen, die auf ihre jeweilige Wirkung hinweisen. Vielleicht kannst du dir beim Üben hin und wieder den Namen ins Gedächtnis rufen. Schau, ob du dich mit der Bedeutung verbinden kannst.

Die Übung «Gedanken aufhellen» ist eine meiner langjährigen Favoriten. Allerdings solltest du sie nicht ausprobieren, wenn du Verletzungen am Hals hast oder schwanger bist – dann kannst du nach dem OM-AH-HUM einfach zur nächsten Übung springen.

Die Übung wird im Sitzen durchgeführt. Begib dich oder bleibe in den Sieben Gesten. Atme sanft und gleichmäßig. Lass nun dein Kinn langsam auf die Brust herabsinken, spüre die leichte Dehnung im Nacken, richte deinen Kopf danach wieder auf und beuge ihn nach hinten, sodass du in Richtung Decke blickst – spüre dabei die Dehnung im vorderen Halsbereich. Wiederhole das Beugen und Strecken dreimal. Neige dann deinen Kopf dreimal zu jeder Seite, sodass sich das rechte Ohr der rechten Schulter nähert und danach das linke Ohr zur linken Schulter geführt wird.
Nun schließe deine Augen, wenn du magst, und lass deinen Kopf langsam im Uhrzeigersinn kreisen. Entspanne dabei deine Schultern, entspanne deinen Bauch, vergiss nicht, sanft und gleichmäßig zu atmen. Versuche, ob du in jedem Moment dieser Bewegung aufmerksam bleiben kannst – wie fühlen sich dein Hals und dein Kopf an, deine Schultern, der Rest deines Körpers? Gibt es Stellen in der Drehung, in der die Empfindungen sich verändern? Begegnest du einem Punkt, der besonderer Aufmerksamkeit bedarf, dann kannst du ihn mit ganz feinen Vor-und-zurück-Bewegungen massieren. Du kannst ausprobieren, ob du die Drehungen des Kopfes so langsam und fein ausführen kannst, dass die Bewegung fast unmerklich wird. Nach drei Drehungen finde einen Punkt, an dem du entspannt die Richtung wechseln kannst und lasse den Kopf nun dreimal gegen den Uhrzeigersinn kreisen.
Bleibe aufmerksam mit deinem Atem und deinen Empfindungen. Gibt es Punkte in der Drehung, die du «massieren» möchtest?
Lasse die Kreise sehr langsam werden und sitze zum Abschluss ein paar Momente in Stille in den Sieben Gesten. Nimm deine Gefühle und Empfindungen wahr – kannst du damit experimentieren, sie «auszudehnen»? Wie ist das für dich?

Tarthang Tulku schreibt zu dieser Übung: «(Sie) löst Verspannungen im Nacken, im Kopf und in den Schultern und lockert die Starrheit festgefahrener Gedanken und geistiger Bilder.»

Emotionen umformen
Stelle dich für diese Übung hin. Platziere die Füße dicht nebeneinander, verteile dein Gewicht gleichmäßig und halte den Rücken aufrecht, ohne dich zu verspannen. Nun kreuze die Arme langsam vor der Brust und halte die Schultern mit den Händen fest, sodass die Ellenbogen entspannt nach unten hängen. Lass dir für die Bewegungen Zeit – verbinde dich mit einem gleichmäßigen Atem.
Nun beuge dich in den Knien langsam nach unten – so, als ob du dich auf einen Stuhl niederlassen würdest. Dabei bleibst du aufrecht, der Rücken zeigt gerade nach oben. Deine Beine bleiben zusammen, deine Fersen bleiben auf dem Boden. Schau, dass du dich nach unten bewegst, ohne dich in deinem Körper zu verspannen – behalte dein inneres Gleichgewicht. Wenn du in der Abwärtsbewegung Stellen begegnest, die dich davon abhalten, tiefer zu gehen, dann mache sie ausfindig und spüre in sie hinein. Versuche, sie mit deiner Aufmerksamkeit und mit deinem Atem zu entspannen. Wie fühlt sich das an? Interpretiere nicht, was passiert. Löse die Verspannungen auf, atme sanft, halte den Rücken gerade.
Noch ein gutes Stück, bevor du ganz in der Hocke sitzen würdest, begegnest du in der Bewegung einem Punkt, der sich «besonders» anfühlt – dort ist eine bestimmte Energie oder ein besonderes Gleichgewicht. Bewege dich ruhig ein paarmal aufmerksam hoch und runter, spüre diesen besonderen Punkt auf. Wenn du ihn gefunden hast, bleibe etwa eine Minute oder länger an dieser Stelle in der Bewegung. Atme sanft, halte den Rücken gerade. Kannst du dich in diese Anspannung hinein entspannen? Kannst

du Widerstände schmelzen? Achte auf die Empfindungen in deiner Wirbelsäule.
Nun kehrst du langsam wieder in die aufrechte Stellung zurück, löse die Spannung auf, nimm die Hände wieder herunter und lasse sie locker hängen.
Stehe oder sitze einen Moment lang oder auch für ein paar Minuten und beobachte deine Empfindungen und Gefühle. Was spürst du? Wo? Kannst du wahrnehmen, ohne zu bewerten oder einzuordnen? Ohne zu interpretieren?

Tarthang Tulku schreibt dazu: «Mit Hilfe dieser Übung können wir starke Emotionen wie etwa Zorn oder Furcht umformen, indem wir die Energie dazu benutzen, unser inneres Gleichgewicht aufrechtzuerhalten, statt es durch Negativität zu verlieren.»

Körper und Geist heilen
Stell dich für diese Übung hin, platziere die Füße etwa 30 Zentimeter auseinander und verteile dein Gewicht gleichmäßig. Nimm dir einen kurzen Moment und verbinde dich mit dem Gefühl des Stehens, mit deinem Atem und dem Boden unter deinen Füßen. Vielleicht kannst du auch hier so durch Mund und Nase gleichzeitig atmen, wie du es von den Sieben Gesten kennst. Erforsche, wie sich die Bewegungen mit dieser Art des Atmens anfühlen.
Hebe nun langsam die Arme vor dir hoch, bis sie senkrecht über dem Kopf nach oben zeigen. Die Handflächen sind bei der Aufwärtsbewegung nach unten gedreht und zeigen dann am Ende des Hebens nach vorne. Achte beim Heben der Arme darauf, ob du spüren kannst, wie es ist, dich «durch den Raum zu bewegen. Vergiss die Konzepte darüber, was das heißen könnte. Spüre, erforsche.
Wenn deine Arme oben sind, beugst du dich bei der nächsten Ausatmung von der Hüfte aus nach links – so, dass

sich deine rechte Körperseite öffnet und du die Dehnung wahrnehmen kannst. Dein Gewicht bleibt gleichmäßig auf beiden Füßen verteilt. Beim Einatmen bewegst du dich wieder in die Mitte und beugst dich bei der nächsten Ausatmung zur entgegengesetzten Seite. Führe diese Bewegung fließend und ohne Pause jeweils drei- oder neunmal zu jeder Seite aus. Lass deinen Atem dabei entspannt fließen. Entspanne deinen Bauch. Bleib bei der Bewegung wach und präsent – wenn deine Gedanken abschweifen, bringe sie über den Atem oder die Empfindungen wieder zurück in den Moment. Fühle in die Übung hinein. Wie fühlt es sich an, sich so zu bewegen? Was empfindest du in deinem Körper, wo, auf welche Weise? Sei neugierig.
Wenn du mit dem seitlichen Beugen fertig bist, nimm deine Arme wieder langsam und aufmerksam herunter, bis sie entspannt an deinen Seiten herabhängen. Bleibe auch bei dieser Bewegung wach und neugierig.
Nach der Bewegung bleib noch ein paar Momente stehen oder setz dich in die Sieben Gesten und spüre der Erfahrung nach – bleibe aufmerksam gegenüber allem, was in dir und um dich passiert.

Beenden mit OM AH HUM und der Widmung
So wie die Kum-Nye-Sessions traditionell begonnen werden, werden sie auch beendet: mit dem dreimaligen Singen des OM AH HUM. Setz dich dazu in die Sieben Gesten und bleibe danach ein paar Momente ganz entspannt und still.
Wenn du möchtest, kannst du am Ende der Praxis alles, was du erlebt oder mitgenommen hast, mit einem, vielen oder allen Menschen oder Wesen teilen. Hierzu kannst du zum Beispiel die Dankbarkeitsmeditation «Widmung» nutzen oder deine eigene Methode finden.

Kum Nye vertiefen
Da Kum Nye noch nicht weit verbreitet ist, musst du vielleicht ein bisschen suchen, um eine Lehrerin oder eine Gruppe in deiner Nähe zu finden. Auf www.curse.de findest du eine Liste mit einigen Orten und Möglichkeiten zum Praktizieren sowie weitere Übungen, Links zu Videos und zu einem Online-Studienprogramm. Die Bücher «Selbstheilung durch Entspannung» und «Tibetische Entspannung» von Tarthang Tulku geben einen hervorragenden und tiefen Einstieg in Kum Nye. Vom deutschen Übersetzer dieser Bücher, Matthias Steurich, gibt es ebenfalls Literatur zu Kum Nye.

Exercise praktizieren

Körper und Geist sind nicht voneinander getrennt. Wir können den Körper nutzen, um innere Veränderungen zu unterstützen und zu begünstigen. In OOOO+X ist das X ein integraler Bestandteil: Zu oft vergessen wir den Körper oder degradieren ihn zu einer Maschine.

Die tägliche Übung mit unserem Körper kann uns dabei unterstützen, ihn mit dem Geist zu verbinden und ihn als Tor zur Erfahrung zu begreifen.

– Integriere die Aktivitäten, die du bereits hast
Ob du mit dem Fahrrad zur Uni fährst oder in einem Sportverein bist: Sei kreativ und nutze die Aspekte, die du zu einer täglichen Praxis machen kannst.

– Hab Spaß!
Wage dich auf unbekanntes Terrain, erfahre deinen Körper auf eine neue Art und Weise. Tanze, probiere eine Kum-Nye-Session – erforsche!

– Überliste den inneren Schweinehund
Wenn das X zur Pflicht wird, ist das eher kontraproduktiv. Hat es aber den Charakter eines Abenteuers, einer neuen Erfahrung, eines Experimentes, kann es motivierend und inspirierend sein.

– Versuche, am Morgen zu praktizieren
Ob es das Erste oder das Dritte ist, was du tust, wenn du aufwachst – X am Morgen legt einen gesunden, endorphinreichen, ausgleichenden Grundbaustein für den Tag.

Mein Versprechen an mich selbst

Kenne dein Was und dein Wieviel. Kannst du dich emotional mit deinem Warum verbinden? Wie wäre es, wenn du dein Warum *verkörperst*?

Ich werde ab .... für .... das X praktizieren. Die Methode, die ich dafür nutzen werde, ist ....

Mir ist es wichtig, mich jeden Tag mit meinem Körper zu verbinden und ihn auf meine innere Reise mitzunehmen, weil ...
....
....

....
Unterschrift, Datum

**ROUTINEN,
HACKS & TIPPS**
**DIE METHODE INS
TÄGLICHE LEBEN
INTEGRIEREN**

«Hab Geduld. Alle Dinge sind schwierig, bevor sie einfach werden.»
Saadi

Du möchtest OOOO+X als Morgen- oder Abendroutine nutzen? Du fragst dich, wie du die einzelnen Praktiken zu verschiedenen Zeiten des Tages anwenden kannst? Oder du denkst, du hättest gar keine Zeit für die Praxis? In diesem Kapitel findest du Hinweise, Tipps und Hacks zur Anwendung von OOOO+X. In den letzten Jahren sind mir immer wieder bestimmte Fragen und Anregungen zu der Methode begegnet, von denen ich einige gerne mit dir teilen möchte.

OOOO+X als Morgenroutine

Stell dir vor, du wachst auf. Wie verbringst du die ersten 15, 30 oder 60 Minuten deines Tages?

OOOO+X ist als Morgenroutine entstanden und konzipiert. Und tatsächlich, wenn du neue Routinen etablieren willst, ist der Morgen, wie wir inzwischen wissen, die beste Zeit dafür: Studien haben ergeben, dass unsere Willenskraft morgens am ausgeprägtesten ist – wir haben mehr Kraft und Motivation, um auch unliebsame oder herausfordernde Dinge anzugehen. Für mich als Nachteule ist diese Nachricht ebenso schwer zu verdauen wie die folgende: Anscheinend ist bei den meisten Menschen auch die kreative Schaffenskraft morgens am größten. Ich tröste mich mit der Formulierung «den meisten». Ausnahmen bestätigen ja bekanntlich die Regel ...

Wie dem auch sei: Die Zeit direkt nach dem Aufstehen eignet sich perfekt dafür, OOOO+X zu praktizieren und den Tag und unsere Erfahrung positiv auszurichten. Nach dem Aufwachen ist das Gehirn sehr empfänglich für Stimuli der Umgebung, wir sind empfindsamer – und das erste O bietet eine Möglichkeit, diese Einflüsse bewusster zu wählen.

Du kannst dafür die fünf Prinzipien in der Reihenfolge kombinieren, die für dich praktisch und inspirierend ist. Für mich persönlich hat sich die Reihenfolge, wie du sie hier im Buch findest, als am besten geeignet herausgestellt. Wenn ich morgens aufwache, halte ich den Offenen Raum an den meisten Tagen für mindestens 30 Minuten. Nachdem ich aus dem Bett aufgestanden bin, schreibe ich in mein Dankbarkeitsjournal (zweites O), das meist schon auf meinem Nachttisch bereitliegt. Dann setze mich für meine Meditationspraxis hin (das dritte O). Wenn ich sie beendet habe, koche ich mir einen Tee, indem ich die Methoden des vierten O berücksichtige. Im Anschluss praktiziere ich X in Form von Kum Nye oder Sport.

Es kommt immer wieder vor, dass mir bestimmte Bausteine der Methode erheblich schwerer fallen als andere – für mich faulen Kerl ist es zu 90 Prozent das X. In diesen Fällen versuche ich, radikal zu sein: Ich beginne im Offenen Raum direkt mit diesem Aspekt. Um ehrlich zu sein, findet sich in meinen Dankbarkeitsjournalen immer wieder derselbe Satz als Erinnerung an mich selbst: Eat that frog! Dieser Satz entstammt einem Ausspruch, der Mark Twain zugeschrieben wird und der locker übersetzt lautet: «Wenn es deine Aufgabe ist, einen Frosch zu essen – dann tu es am besten als Allererstes. Wenn es deine Aufgabe ist, zwei Frösche zu essen, dann iss am besten den größeren zuerst!»

Diese zwei Sätze bringen es auf den Punkt (Tierschutz und vegetarische Ernährung einmal außen vor gelassen). Wenn dir also ein bestimmter Aspekt von OOOO+X etwas schwerer fällt, dann mach ihn zuerst – alles Nachfolgende wird dir im Vergleich viel leichter von der Hand gehen! Und du kannst den Stolz und die Freude darüber, den inneren Schweinehund überwunden zu haben, mit in den Tag nehmen.

Vielleicht ist es für dich bereits eine große Herausforderung, dich mit dem Offenen Raum anzufreunden. Du wirst unruhig, ertappst dich dabei, immer wieder auf dein Handy schauen zu wollen, und wirst nervös, weil du meinst, etwas Wichtiges zu verpassen. Perfekt! In diesem Fall wirkt das erste O genau so, wie es soll! Du wirst dir dieser Impulse bewusst – und bist daher zum ersten Mal wirklich in der Lage, frei zu entscheiden, wie du damit umgehen möchtest.

Du kannst da erste O auch praktizieren, wenn du drei Kinder hast, die gleich morgens deine Aufmerksamkeit verlangen, du dich im Urlaub befindest oder du ein Singleleben führst und erst acht Minuten vor dem Verlassen des Hauses aufstehst. Du kannst dir den Offenen Raum nehmen.

Setz dir dafür eine feste Zeit, wie zum Beispiel jeden Morgen von 6.15 bis 7.15 Uhr (falls du immer zur gleichen Zeit aufstehst) oder die erste Stunde deines Tages, falls du Schichtdienst oder aus anderen Gründen einen unregelmäßigen Rhythmus hast. Eine Stunde ist dir zu viel? Dann nimm dir 45 Minuten ab dem Moment, in dem dein Wecker klingelt. Wenn es für dich absolut notwendig ist, in der Frühe deine Mails zu verschicken oder deinen Instagram-Account anzuschauen (ist es das wirklich?), dann gib dir selbst zumindest eine halbe Stunde. Von dem Moment an, in dem du morgens die Augen aufmachst, bis zu dem Moment, an dem du in die digitale Welt einsteigst, sind 30 Minuten Offener Raum für die allermeisten von uns ohne Probleme umsetzbar. Solltest du wirklich, absolut, allen Ernstes und mit voller Überzeugung der Meinung sein, dass die erste halbe Stunde des Tages ohne das Checken deiner Mails oder WhatsApp-Nachrichten zu einer großen Katastrophe führen würde, dann gib dir auf jeden Fall 15 Minuten. 15 Minuten am Morgen für dich selbst.

Wenn selbst das dir schwerfallen sollte, dann ist es Zeit, dich selbst auszutricksen: Angenommen, du stehst jeden Morgen um 7 Uhr auf und musst um 7:01 Uhr deine Mails checken, um sicherzugehen, dass keine Katastrophe eingetreten ist, oder um deiner Chefin zu zeigen, dass du die Arbeit ernst nimmst. In diesem Fall kannst du eine geheime Methode nutzen, die nur die krassesten der krassesten Yogis kennen: Du stehst um 6:45 Uhr auf.

Wenn du es wie ich gewohnt bist, jede Sekunde bis zum

Aufstehen auszureizen, dann scheint dir dieser Vorschlag wahrscheinlich wie eine Horrorvision. Aber natürlich ist es in Bezug auf Erholung und Gesundheit nicht ausschlaggebend, ob du 15 Minuten früher aufstehst oder nicht. Sei kreativ und intelligent, den Offenen Raum für dich möglich zu machen. Ein paar Minuten früher aufzustehen ist tatsächlich eine bestechend einfache Lösung.

Solltest du dann immer noch den dringenden Impuls verspüren, eben um 6:46 Uhr deine Mails zu checken – dann weißt du sicher, dass es nicht wirklich zwingend ist. Vielmehr geht es darum, was du dir in den Kopf gesetzt hast: welche Ansprüche du meinst erfüllen zu müssen oder was du dir über die Notwendigkeit einer ständigen Erreichbarkeit erzählst. Falls das so sein sollte, nimm es leicht: Arbeite mit dir selbst, greife zurück auf die Übungen im Kapitel über das erste O. Finde heraus, ob die Annahmen, die dazu führen, dass du morgens sofort auf dein Handy schauen möchtest, wirklich «wahr» sind.

Nimm dir für deine OOOO+X-Morgenroutine zuerst den Offenen Raum und dann den Frosch vor. Dann kannst du die anderen Elemente der Methode so anpassen, wie sie für dich am besten funktionieren. Suche dir eine bestimmte Reihenfolge aus – und bleibe eine Zeitlang dabei! Gewöhne dich an die Routine. Stellst du nach ein paar Tagen oder am Ende deines angepeilten Zeitraumes fest, dass eine andere Reihenfolge besser passen würde, wechselst du nach Ablauf der «Probezeit» einfach.

Mach es dir so leicht wie möglich, denke nicht zu viel darüber nach. Neue Muster und Gewohnheiten musst du ausprobieren, bevor sie sich etablieren. Was machen sie mit dir?

OOOO+X als Abendroutine

Du kannst OOOO+X auch am Abend praktizieren. Je nachdem, welchen Tagesablauf du hast, bietet sich das für dich sogar besonders an. Vielleicht ist es zu Beginn etwas schwieriger, die Commitments zu halten – der Tag war anstrengend, eigentlich willst du nur die Füße hochlegen –, aber wenn du dranbleibst, kannst du die gleichen Ergebnisse erzielen wie bei der Morgenroutine.

Um OOOO+X am Abend zu integrieren, kannst du dir den Offenen Raum einrichten, bevor du schlafen gehst. Das ist übrigens auch für diejenigen von uns zu empfehlen, die OOOO+X als Morgenroutine oder als einzelne Module während des Tages praktizieren: Das Licht, dass unsere Bildschirme abgeben, verzögert am Abend die Produktion von Melatonin – das Hormon, dass unseren Schlafrhythmus regelt. So bekommen wir das Gefühl, noch nicht müde zu sein. Studien der Harvard Medical School und der amerikanischen National Sleep Foundation besagen, dass bei mehr als zwei Drittel aller Menschen, die in der Stunde vor dem Schlafengehen auf den Bildschirm schauen, die Qualität des darauffolgenden Schlafes deutlich zum Negativen hin beeinflusst wird. Dazu kommt – wir erinnern uns – der stressfördernde Effekt von Nachrichtenseiten und sozialen Netzwerken, der in diesem Fall unseren Cortisolausstoß kurz vor dem Zubettgehen erhöht und für die unerwünschten Effekte sorgt. Das erste O am Abend durchzuführen ist also auch für die Morgenmenschen unter euch eine gute Idee.

Die Wissenschaftler empfehlen sogar, ein bis zwei (!) Stunden vor dem Schlafen auf Bildschirmnutzung zu verzichten. Aber du kannst auch «klein» anfangen: Wenn du dir am Abend 30 oder 45 Minuten für den Offenen Raum eingerichtet hast, kannst du ihn mit den anderen Modulen von OOOO+X füllen und sie deinen Vorlieben anpassen. Ein Beispiel:

45 Minuten vor dem Schlafengehen beginnt dein Offener Raum. Du atmest ein paarmal tief durch, stellst Verbindung zum Boden unter deinen Füßen her und kommst in Verbindung mit deinem Körper. Der Stress des Tages fällt ein wenig von dir ab. Ruf dir mit geschlossenen Augen ins Gedächtnis, für was du heute dankbar gewesen bist. Schreibe drei oder fünf dieser Dinge in dein Dankbarkeitsjournal, versehe sie immer mit dem Wort «weil» und reflektiere so die positiven Erlebnisse des vergangenen Tages oder die Vorfreude auf den kommenden. Nach der Dankbarkeitspraxis kannst du ein paar Hatha- oder Kum-Nye-Übungen machen oder dich der X-Praxis widmen und noch mal 15 Minuten richtig lospowern – wie es für dich am besten passt. Danach setzt du dich für einige Minuten hin, um zu meditieren, damit sich deine Gedanken setzen können und du dich mit ihnen vertraut machen kannst. Der Sand in der Wasserflasche setzt sich, für einen Moment entsteht Klarheit.

Als letzte Handlung des Tages suchst du dir eine Sache aus, die du mit voller Aufmerksamkeit und ganzem Bewusstsein tust. Du trinkst eine letzte Tasse Tee, du machst dein Bett oder putzt dir tatsächlich auf diese verrückte Achtsamkeitsart die Zähne.

Mit dieser beruhigenden und fokussierenden Abendroutine legst du dich ins Bett und beschließt den Tag.

Wenn du möchtest, kannst du eine oder mehrere Übungen aus dem Abschnitt «Übungen zur Nacht» zu der Praxis hinzufügen.

OOOO+X als einzelne Module

Die fünf Aspekte und Prinzipien von OOOO+X funktionieren auch als einzelne Bausteine, die du in deinen Tagesablauf einfließen lassen kannst. Schon das wird etwas verändern. Aus Gesprächen mit Praktizierenden weiß ich allerdings, dass es vielen leichter fällt, OOOO+X als geschlossene, zusammenhängende Praxis und zu einer festen Zeit zu üben. Der Vorteil der Modul-Praxis ist die etwas größere Flexibilität – diese ist gleichzeitig aber auch ihr Nachteil: Der Raum für Ausflüchte, unerwartete Ereignisse oder spätnachmittägliche Formtiefs ist erheblich größer. Wir tendieren dazu, die Module «auf später» zu verschieben – bis der Tag vorbei ist und wir keines davon umsetzen konnten. Wenn du dir also eine feste Routine einrichten kannst – tu es! Versuche, die ganze Methode umzusetzen, um in den gesamten Genuss ihrer Wirkung zu bekommen.

Aber es gilt wie immer: Fange an, wo du bist – und sei kreativ!

Das erste O
Obwohl ich dir aus den oben genannten Gründen ans Herz legen möchte, morgens und abends das erste O zu praktizieren, kannst du dir natürlich auch während des Tages Zeit für den Offenen Raum schaffen. Vielleicht versuchst du, in deiner Mittagspause auf Facebook, Instagram, WhatsApp und Co zu verzichten? Wie würden sich Qualität und Erfahrung dieser freien Zeit verändern, wenn du sie für dich selbst nutzt?

Eine andere Möglichkeit ist, das erste O auf dem Arbeitsweg zu üben, z. B. in der halben Stunde, die du mit öffentlichen Verkehrsmitteln zur Arbeit und wieder zurück nach Hause fährst. Oder du gönnst dir, sobald du abends deine Wohnung betrittst, eine absolut ungestörte Stunde mit dir, deinem Partner oder deiner Familie.

Es kann wie gesagt am Anfang etwas schwieriger sein, die

guten Vorsätze im Verlauf eines geschäftigen Alltags auch umzusetzen. Mach es dir so leicht es geht und suche dir äußere Faktoren als Ankerpunkte: die Dauer der Busfahrt, den Moment, an dem du die Wohnung betrittst. Beziehe deine Familie oder befreundete Arbeitskollegen in dein Vorhaben mit ein, suche dir Unterstützung. Solltest du allerdings das Gefühl haben, dass sie dich für dein Vorhaben eher belächeln würden, ist es vielleicht besser, es nicht mit ihnen zu teilen – sondern einfach kommentarlos dein Ding durchzuziehen.

Das zweite O
Die Dankbarkeitspraxis lässt sich flexibel in den Tagesablauf einbauen. Trage dein Dankbarkeitsjournal immer bei dir, dann kannst du Kaffeepausen, kurze Wartezeiten vor einem Termin oder eine S-Bahn-Fahrt dafür nutzen, die Dinge aufzuschreiben, für die du dankbar bist. Tägliche Fußwege kannst du mit dem Dankbarkeitsspaziergang verbinden.

Ein Tipp: Trotz aller Flexibilität wird es auch hier am einfachsten sein, wenn du eine feste Zeit und einen festen Ablauf für die Dankbarkeitspraxis einplanst, sodass du immer unter denselben Umständen übst, z. B. jeden Tag fünf Minuten zu Beginn der Mittagspause – egal, was passiert, egal, ob es regnet oder schneit, ob du spät dran bist oder hungrig. Wenn du jeden Tag denkst: «Na ja, mal sehen, ob und wann ich es heute schaffe», merkst du am Ende des Tages, dass du es nur vor dir her geschoben und gar nichts geschrieben hast.

Das dritte O
Mit der Meditation verhält es sich ähnlich wie mit der Dankbarkeitspraxis: Jeder Zeitpunkt des Tages eignet sich gleich gut dafür. Doch auch hier kann es angesichts von Aufschieberitis, Bequemlichkeit oder durch den Stress des Alltags schwierig werden, sie wirklich umzusetzen. Richte dir also in jedem Fall einen fixen Zeitpunkt während des Tages ein. Arbeitest du zum

Beispiel selbständig oder hast ein Büro für dich allein, stelle dir den Timer, um ein paar Minuten zu meditieren. Wenn du bereits eine tägliche Routine hast, wie Radfahren oder Training im Fitnessstudio, kannst du die Praxis des Om vor oder nach dem Training einfügen.

Das vierte O

«Ocha» ist prädestiniert für den Alltag. Schließlich geht es bei dieser Praxis darum, während des normalen Tagesablaufs Achtsamkeit zu entwickeln. Also, auf geht's!

Suche dir am besten eine Tätigkeit aus, die du magst: Wenn du alleine Mittag isst, könnte dies zur Praxis werden. Vielleicht möchtest du auch ein paar Wochen lang üben, wie es ist, achtsam zu gehen. Oder achtsam im Bus zu sitzen. Oder … die Möglichkeiten sind beinahe unbegrenzt.

Das X

Der Vorteil darin, morgens das X zu praktizieren, liegt in dem durch ihn entstehenden Energieschub und motivierenden Start in den Tag. Außerdem, denk an den Frosch: Was getan ist, ist getan, du musst dir im Laufe des Tages keine Gedanken mehr darüber machen, ob und wann du die Übungen in deinen Zeitplan hineingequetscht bekommst.

Für den Nachmittag sprechen allerdings Erkenntnisse der Sportwissenschaft: Sie besagen, dass unser Körper nachmittags leistungsfähiger ist und das Verletzungsrisiko geringer.

Falls du bereits eine regelmäßige Sportroutine hast und ein- oder sogar mehrmals in der Woche trainierst, frage dich, ob es in deiner Sportart Aspekte gibt, die du zur täglichen Übung machen kannst. OOOO+X ist eine *tägliche* Praxis. Welche Elemente gibt es in deiner Sportart, die du fünf bis 15 Minuten jeden Tag üben und praktizieren könntest? Binde sie in OOOO+X ein!

Quick & dirty

Die Übung der drei tiefen Atemzüge ist dir in diesem Buch immer wieder begegnet. Sie ist eine kurze Besinnung auf den Moment, eine Möglichkeit, Ruhe zu finden, und ein guter Übergang von einer Tätigkeit in die folgende. Du hast diesen Check-in mit dir selbst jetzt schon einige Male praktiziert, bist also gewissermaßen zum «Yogi der drei Atemzüge» geworden. An dieser Stelle möchte ich die Übung noch einmal erweitern: und zwar um alle Komponenten der OOOO+X-Methode. In ein paar Minuten kannst du alle Punkte der Methode zusammenfügen und einen Geschmack dafür bekommen, wie sie wirkt. Die «Keine Zeit»-Ausrede wäre hiermit geplatzt. Sorry!

> Nimm dir, wann immer du daran denkst und dir danach ist, die Zeit dafür. Wenn du möchtest, schließe die Augen – ganz wie du magst.
> Nimm drei tiefe Atemzüge. Spüre, wie sich beim Einatmen deine Brust und dein Bauchraum mit Luft füllen und sich ausweiten. Folge dem Atem, spüre, wie er aus der Nase wieder herausströmt, während sich dein Oberkörper wieder etwas zusammenzieht. Atme auf diese Weise ganz bewusst ein paarmal ein und aus. Wenn deine Gedanken abschweifen, bring sie sanft zurück zu deiner Atmung.
> Dein Geist und dein Körper werden ruhig. Denke nun an eine Sache, eine Person oder Situation, für die du Dankbarkeit empfindest. Welches Bild oder welche Assoziation kommen dir spontan in den Kopf? Bleibe kurz bei ihnen und fühle in sie hinein. Dann lass die Bilder und Geschichten gehen, aber bleibe mit deiner Aufmerksamkeit bei dem Gefühl. Spüre, wie es ist, für etwas dankbar sein zu können. Genieße dieses Gefühl für ein paar Augenblicke.
> Wenn es sich für dich richtig anfühlt, dann öffne die Augen, lenke deine Aufmerksamkeit zurück auf die Empfindung

deines Körpers und die Wahrnehmungen deiner Umgebung. Wie fühlt es sich an, in diesem Moment in deinem Körper zu sein? Was hörst du, siehst du, was kannst du riechen oder schmecken? Vielleicht gelingt es dir, das Gefühl der Dankbarkeit gemeinsam mit deinem Hören, deinem Sehen und deinem Fühlen aufrechtzuerhalten? Wie ist es, dies gleichzeitig zu versuchen?
Nun achte auf das Erste, was du aktiv tust – und tu es in vollem Bewusstsein, mit voller Aufmerksamkeit. Wenn du dir die Haare zurückstreichst, in die Küche gehst und einen Schluck Kaffee trinkst oder an deinem Schreibtisch die nächste E-Mail beantwortest – egal, wie banal es dir vorkommt: Tu es mit deiner ungeteilten Aufmerksamkeit. Genieß es.
Das ist die ganze Übung. Du musst nichts Weiteres tun. Du musst keine Aufgabe erfüllen. Das ist alles.

Spaghetti bolognese sind keine Kartoffeln mit Champignons

Wenn du bis hierher gelesen hast, weißt du inzwischen: Bei OOOO+X fangen wir da an, wo wir sind, und können mit den Übungen ein wenig experimentieren. Was passt gut für uns, was fordert uns heraus, was können wir problemlos in unseren Alltag integrieren?

Die Kunst ist, hierbei eine Balance zu finden: Wenn wir uns zu sehr in gewohnten Bahnen bewegen und nur das tun, was uns leicht von der Hand geht, dann *unterfordern* wir uns und erzielen keine Ergebnisse – das kennen wir vom Sport: Wenige Wiederholungen mit kleinen Gewichten führen nicht dazu, dass der Bizeps wächst.

Überfordern wir uns, werden wir frustriert und erschöpft und werfen die Methode über Bord.

Ein wichtiger Aspekt von OOOO+X ist deshalb, wie du inzwischen weißt, Kreativität. Wir experimentieren damit, unsere Praxis auf erfinderische und vielleicht sogar spielerische Art zu gestalten. Kreativität bedeutet, manchmal um die Ecke zu denken, Dinge anzupassen, sodass sie für uns und unsere persönliche Situation optimal funktionieren. Lieber probieren wir ein wenig herum und verändern ein paar Aspekte der Methode, als dass wir sie komplett verwerfen.

Kreativität im Umgang mit bestimmten Übungen bedeutet allerdings nicht eine komplette Narrenfreiheit. Eine Shamatha-Meditation auf den Atem ist eine Shamatha-Meditation auf den Atem – wenn wir dabei Pink Floyd hören und Flöte spielen, ist das sicher ein Spektakel, aber eben keine Shamatha-Meditation mehr.

Ich liebe gutes Essen, deshalb lass mich das an einem kulinarischen Bild verdeutlichen (solltest du Vegetarier sein, dann denke dir bitte vor jedem «Bolognese» das Wort «Veggie» dazu!).

Also: Haben wir Lust auf leckere Spaghetti bolognese, ist es relativ sinnlos, statt Nudeln Kartoffeln und statt Hackfleisch Champignons zu verwenden. Sicherlich schmecken Kartoffeln mit Champignons hervorragend, es ist aber keine besonders vielsprechende Vorgehensweise, um den Geschmack von Spaghetti bolognese zu genießen. Da sind wir uns sicher alle einig.

Wenn wir die Spaghetti bolognese allerdings nach verschiedenen Rezepten zubereiten, die sich in Nuancen unterscheiden – mal mit, mal ohne Oregano, mal mit, mal ohne Parmesan –, dann können wir herausfinden, welche Art der Zubereitung für uns am besten umsetzbar ist und am besten schmeckt – und orientieren uns gleichzeitig am Original.

Im übertragenen Sinn gilt das auch für OOOO+X, weshalb ich in den einzelnen Kapiteln manchmal mehrere Vorschläge oder Varianten derselben Methode oder desselben Prinzips berücksichtigt habe.

Wir sollten dabei allerdings immer versuchen, darauf zu achten, keine Spaghetti bolognese zu Kartoffeln mit Champignons machen zu wollen.

Was tun, wenn es mal nicht klappt?

Wir praktizieren OOOO+X als Morgen- oder Abendroutine, mit starken Commitments und voller Motivation. Alles klappt perfekt – bis es plötzlich hakt. Was können wir tun, wenn wir während unserer Praxis in alte Muster zurückfallen? Was passiert, wenn wir einen Tag der Praxis versäumen? Was, wenn plötzlich etwas Unerwartetes eintritt und wir selbst bei besten Vorsätzen nicht in der Lage sind, die vollen 30 (oder drölfzig) Tage, die wir uns vorgenommen haben, ohne Unterbrechung zu praktizieren? Was, wenn dein Tagesablauf sich ein wenig verschiebt, du oder ein Familienmitglied eine heftige Erkältung bekommen, um die du dich kümmern musst? Oft verleiten uns auch positive Anfangserfahrungen dazu, nachlässiger zu werden: Wir glauben, uns locker eine Pause genehmigen zu können. Es läuft doch schließlich alles so gut!

Häufig treten solche Gedanken zum ersten Mal nach etwa fünf bis acht Tagen auf – zumindest ging es mir so: Während einer Albumproduktion vor einigen Jahren hatte ich begonnen, ein 30-tägiges Coachingprogramm von Tony Robbins zu absolvieren. Es gab für jeden Tag einen kurzen Vortrag, den ich beim Sport oder direkt nach dem Aufstehen gehört habe sowie zusätzlich eine entsprechende Übung als Hausaufgabe. Die Inhalte waren interessant und gut präsentiert, ich war begeistert, ich war motiviert. Nach einer knappen Woche kam der erste Tag, an dem ich dachte: «Ach, heute kannst du mal aussetzen, wird schon nicht so schlimm sein.» Bereits am Folgetag war meine Motivation verringert. Aus diesem einen Tag des Aussetzens wurden dann vier oder fünf Tage – mit dem Ergebnis, dass ich noch einmal von vorne anfangen musste. Dieses Mal hielt ich einen Tag länger durch, vielleicht sogar zwei, bis mir wieder die gleichen Gedanken kamen: «Einmal aussetzen wird schon nicht so schlimm sein, diesmal passe ich besser auf, ich hab's doch gecheckt!»

Das Muster wiederholte sich, aus dem einen wurden mehrere Tage – und wieder musste ich von vorne beginnen. Nach ein paar Anläufen hatte ich es endlich über meine persönliche Aussetz-Marke geschafft und das Programm dann auch abgeschlossen. Zu meinem großen Amüsement gab es in der Audiolektion des darauffolgenden Tages einen kurzen Hinweis von Tony Robbins, dass viele Menschen erfahrungsgemäß mehrere Anläufe brauchen, um über diese Schwelle, die irgendwo zwischen dem fünften und dem achten Tag zu liegen schien, hinwegzugelangen. Meine Erfahrung war also kein Einzelfall!

Die gute Nachricht: Die Welt wird dadurch nicht untergehen. Also, höchstwahrscheinlich wird sie das nicht. Tatsächlich ergab die Studie zur Entstehung von Gewohnheiten, die wir im Kapitel «Commitment» schon kennengelernt haben, dass einzelne Momente des Versäumens keinen nennenswerten Einfluss auf das Endergebnis hatten. Wenn die Probanden einfach bei der nächsten Gelegenheit weitermachten, war ein einzelner Ausreißer kein großes Hindernis.

Das bedeutet nicht, dass wir lediglich sporadisch üben müssten und damit die gleichen Ergebnisse erzielen, als hätten wir uns wirklich an unser Vorhaben gehalten. In der Studie ging es um *einzelne* Momente, um *einen* vergessenen Tag oder *einen* unerwarteten Aussetzer – nicht um regelmäßiges Aufschieben und Wegfallenlassen.

Dennoch, was diese Ergebnisse zum Glück zeigen: Wir können entspannt mit uns selbst umgehen, wenn es mal «nicht hinhaut». Das gehört zum Leben eben dazu. Für den Lerneffekt ist es viel wichtiger, über die Gründe zu reflektieren, als sich in Selbstkritik oder Frust zu suhlen. Durch aufmerksames Betrachten lernen wir, welche Strategien wir für die Zukunft entwickeln können, um weiteren Aussetzern vorzubeugen.

Ein Teilnehmer meiner OOOO+X-Workshops hat folgenden Strategie entwickelt: Am Anfang seiner Praxis hatte er ein großes Blatt Papier mit der Überschrift «30 Tage OOOO+X» an die Wand geheftet, das er in einzelne kleine Kästchen unterteilt hatte. Jedes Kästchen stand für einen Tag. Jeden Tag zeichnete er ab, ob er sein Commitment zur Praxis erfüllt hatte. Für eine erfolgreich gemeisterte Tagesroutine bekam das jeweilige Kästchen ein Kreuz – an Tagen, an denen er aussetzte, eine Null. Es ärgerte ihn, als nach einiger Zeit tatsächlich einige Nullen darauf zu sehen waren. Dabei hatte er sich fest vorgenommen, am Ende der 30 Tage wirklich nur Kreuze dort stehen zu haben, mit ein oder zwei Ausnahmen vielleicht. Nach dem anfänglichen Frust begann er, die Situation von einer anderen Seite zu betrachten: Vor OOOO+X wären dort ausschließlich Nullen zu sehen gewesen. Seit dem Beginn des Commitments hatte sich also bereits maßgeblich etwas geändert: Er übte, meditierte und sammelte Erfahrungen mit den Wirkweisen der Praxis. Daher beschloss er, sein Ziel umzuformulieren: Am Ende des Monats sollten einfach mehr Kreuze als Nullen zu sehen sein. 16 zu 14 wäre dann schon ein Erfolg – er hätte häufiger sein Ziel erreicht, als es zu verfehlen. Eine kleine Veränderung, die große Ergebnisse mit sich bringen kann: neue Motivation, weniger Frustration, mehr Nachsicht im Umgang mit sich, die Erkenntnis, dass es nicht um die eine große Leistung geht, sondern darum, sich kontinuierlich und in kleinen Schritten zu entwickeln und vor allem: dranzubleiben.

Tom Bartow, Autor von «Organize Tomorrow Today», bezeichnet Stolpersteine auf dem Weg Richtung Ziel als «Fight Thrus», als «Durchkämpf-Aufgaben». Laut Bartow werden wir bis zum Etablieren einer Gewohnheit mindestens zwei- oder dreimal diese «Fight Thrus» erleben, je nach Dauer unseres

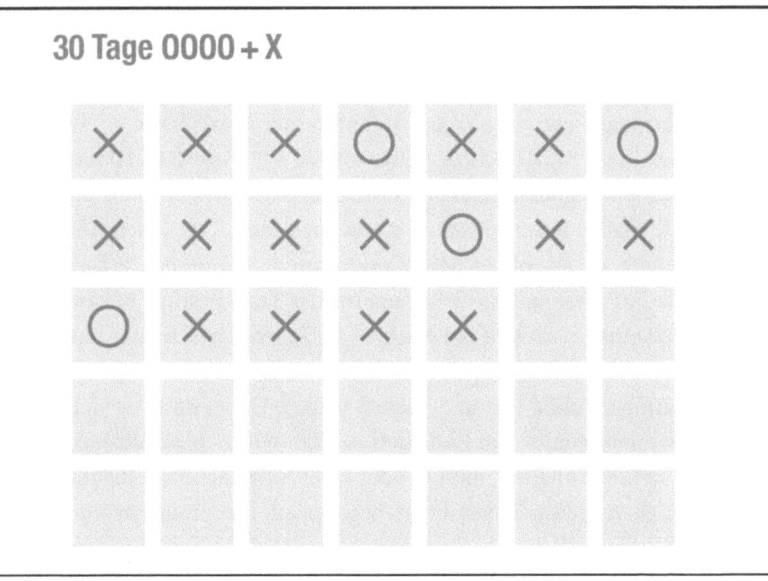

Commitments auch noch häufiger. Er empfiehlt als Hilfe im Umgang mit diesen Momenten drei Dinge:
1. Mach ein Ritual daraus. Plane die Aktivität, die du tun möchtest, täglich zu einer festen Uhrzeit ein. Dies kannst du tun, indem du in deinem Wieviel nicht nur die Dauer, sondern auch eine Startzeit festlegst.
2. Erkenne, was gerade passiert. Erkenne an, dass du dich in einem «Fight Thru» befindest, und entwickele eine Strategie für das nächste Mal.
3. Erkenne, warum du die Aktivität tun möchtest, um die es geht.

Dieser Ansatz passt harmonisch zu der Art und Weise, wie wir in OOOO+X unsere Commitments formulieren.

Vielleicht gibt es dir zusätzlich einen Motivationsschub, wenn du dich kurz in zwei Szenarien hineinversetzt:

1. Wie wird es sein, wenn ich es schaffe? Wie werde ich mich fühlen?
2. Wie wäre es, jetzt aufzugeben? Welches Gefühl hätte ich dann?

Durch Meditation und die Praxis von Ocha schärfen wir unsere Aufmerksamkeit für das, was in uns vorgeht. Diese Aufmerksamkeit können wir nutzen, um sie auf unsere inneren Widerstände zu lenken, oder wir merken, dass uns unser Vorhaben irgendwie nicht gelingen mag. Allein diese Aufmerksamkeit kann dazu führen, dass wir das behindernde Muster dahinter erkennen und es sanft, aber kraftvoll beginnen zu lockern und zu lösen.

BONUS
ÜBUNGEN ZUR NACHT

«Wenn du nachts vor dem Schlafengehen deine Kleider auziehst, stelle dir vor, dass du nicht nur deine Kleider auziehst, sondern auch deine Rüstung ablegst. Mache es wirklich.»
Osho

Fast jeder zehnte Deutsche leidet an Schlafstörungen. In der Schweiz und in Österreich ist es sogar beinah jeder Vierte, wie Studien der DAK, des Schweizer Bundesamtes für Statistik und der Österreichischen Gesellschaft für Schlafmedizin ergeben haben. Doch völlig ungeachtet jeglicher Statistik: Wenn wir persönlich von Schlafstörungen, Einschlafproblemen und Schlafmangel betroffen sind, helfen uns auch keine Zahlen, die uns suggerieren, dass wir mit dem Problem nicht alleine sind. Wir suchen Abhilfe. Kein Wunder also, dass ich in vielen OOOO+X-Workshops gefragt werde, ob es spezielle Übungen für den Abend gibt, die helfen, zur Ruhe zu kommen und besser einzuschlafen. Ich selber bin mit einem sehr festen und tiefen Schlaf gesegnet: Ich schlafe im Flugzeug ein, bevor es abhebt, und wache erst auf, wenn die Räder den Boden zur Landung berühren. Ich habe in Bars und Clubs geschlafen (ohne dass Alkohol im Spiel war – manchmal allerdings auch mit Alkohol). Einmal habe ich es sogar geschafft, stehend im Zug zu schlafen. Allerdings war der Zug sehr voll, und ich habe mich an Mitreisende und das Fenster angelehnt.

Aufgrund eines sehr intensiven Erlebnisses kann ich jedoch nachvollziehen, wie sich Menschen mit Schlafstörungen fühlen – und wie sehr es die Lebensqualität einschränken kann, wenn wir nicht genügend oder keinen qualitativ guten Schlaf finden. Um es kurz zu erzählen: Es war bei einer Tour in den Wintermonaten. Wir waren in einem großen Bus unterwegs, einem Nightliner, in dem wir schliefen, während der Bus uns nachts in die nächste Stadt fuhr. Während der ersten zwei Wochen der Tour konnte ich nur dann schlafen, wenn der Bus stand. Aus irgendeinem Grund funktionierte meine «Ich schlafe überall»-Fähigkeit nicht. Da der Bus abends zwischen 24 Uhr und 2 Uhr losfuhr und oft nicht vor 9 Uhr morgens zum Stehen kam, verlagerte sich meine Schlafenszeit von 9 Uhr morgens bis ca. 15 oder 16 Uhr am Nachmittag. Das allein war bereits kräftezehrend: Ich lag jede Nacht stundenlang wach und wusste nicht, wohin mit mir selbst. Dazu kam, dass es Winter war: Tageslicht herrschte nur dann, wenn ich schlief.

Ich bekam in diesen 14 Tagen ohne Tageslicht zu meinen Wachzeiten und ohne gesunden Schlaf also ein gutes Gefühl dafür, mit was sich unzählige Menschen über Jahre hinweg plagen.

Ich möchte im Folgenden drei einfache Methoden vorstellen, die mir persönlich dabei helfen, am Abend ruhiger zu werden, meinen Geist von kreisenden Gedanken zu befreien und besser zu schlafen. Ich weiß nicht, wie hilfreich sie dabei sind, in einem fahrenden Bus zur Ruhe zu finden – doch für unseren Alltag können sie der einen oder dem anderen bestimmt von Nutzen sein.

Die 4-7-8-Atmung

Diese Atemtechnik hat ihren Ursprung im Pranayama, der indischen Lehre des Atmens, die heute auch in verschiedenen Yogaschulen zu finden ist, so auch im Kum-Nye-Yoga. Mit ihrer Wirkweise habe ich einige Erfahrungen, und auf mich hat sie einen beruhigenden und ausgleichenden Effekt. Die spezifische Übung der 4-7-8-Atmung wurde von dem amerikanischen Arzt Dr. Andrew Weil auf Basis einer alten Pranayama-Methode entwickelt. Laut Weil kann sie dabei helfen, ruhiger und schneller einzuschlafen – unter Umständen sogar innerhalb von 60 Sekunden.

> Für die 4-7-8-Atmung platzierst du die Zunge so, wie du es von den Sieben Gesten kennst: Die Zungenspitze liegt sanft an der Erhöhung direkt hinter den oberen Schneidezähnen. Beim Einatmen schließt du den Mund, und beim Ausatmen öffnest du ihn und lässt den Atem *geräuschvoll* durch ihn entweichen. Bist du bereit?

Schließe den Mund und atme durch die Nase ein – zähle dabei innerlich bis vier.
Halte den Atem an – zähle innerlich bis sieben.
Atme geräuschvoll durch den Mund aus, lasse die gesamte Atemluft heraus, bis deine Lungen leer sind – zähle dabei innerlich bis acht.
Wiederhole diese Atemrunde mindestens viermal. Achte darauf, dass deine Zungenspitze am oberen Gaumen anliegt, du durch die Nase ein- und durch den Mund geräuschvoll und komplett ausatmest.

Wenn du möchtest, kannst du diese Atemübung auch in Stresssituationen mit den in OOOO+X praktizierten drei tiefen Atemzügen verbinden, denn sie trägt ganz generell zur Beruhigung des Nervensystems bei. Dafür beginnst du mit dem bewussten dreimal Ein- und Ausatmen und machst dann ohne Unterbrechung vier Runden der 4-7-8-Atmung. Wie fühlst du dich danach?

Den Tag reflektieren

Wenn du Probleme hast einzuschlafen, weil dein Geist angesichts des vergangenen Tages nicht zur Ruhe kommt, hilft dir die folgende Übung vielleicht weiter. Durch sie kannst du lernen, das Zurückliegende auf eine entspannte Weise zu reflektieren, ohne es zu bewerten – eine ziemlich abgefahrene Erfahrung, weil wir es normalerweise gewohnt sind, die Vergangenheit ständig zu interpretieren.

Die Übung ist mir zum ersten Mal in den «Zeit, Raum, Erkenntnis»-Lehren von Tarthang Tulku begegnet. Ich war völlig überrascht, wie sich die Qualität meiner Gedanken über den vergangenen Tag dadurch veränderte. Ich praktiziere diese Übung seitdem regelmäßig selber, vor allem in Phasen, in denen ich vor vielen Aufgaben gleichzeitig stehe oder allgemein das Gefühl habe, meine Aufmerksamkeit aufteilen zu müssen. Probiere sie aus!

> Setz dich abends, am besten vor dem Schlafengehen, an einen ruhigen Platz. Das kann ein Sofa sein, ein bequemer Stuhl oder ein Meditationskissen. Es wird gemunkelt, dass es Menschen gibt, die diese Übung auch im Bett liegend machen. Vor allem, wenn du Schwierigkeiten hast einzuschlafen, ist das eine gute Variante – ich zumindest schlafe während des ersten Durchlaufs fast immer ein, wenn ich es im Liegen versuche! Deswegen praktiziere ich sie lieber im Sitzen. Probiere einfach aus, wie sie für dich am besten funktioniert. Wenn sie dir beim Einschlafen helfen soll, hast du zwar nicht alle Vorteile der Übung für dich nutzen können, aber immerhin gut geschlafen! Das ist doch bereits viel wert.
> Du setzt dich also bequem hin und schließt die Augen. Wie so oft empfiehlt es sich, zuerst ein paar tiefe und bewusste Atemzüge zu nehmen, damit Körper und Geist sich beruhigen und du dich im Hier und Jetzt sammeln kannst. Atme tief in den Bauch und spüre deine Verbindung zu dem Boden, auf dem du sitzt.
> Lasse nun den vergangenen Tag vor deinem geistigen Auge Revue passieren. Beginne mit dem Moment des Aufwachens. Was hast du als Erstes gedacht, getan, erfahren? Wie bist du aufgestanden? Hast du gefrühstückt? Für was warst du heute dankbar? Fließe mit deiner Erinnerung nun gleichmäßig und konstant durch den weiteren Verlauf des Tages. Versuche dabei, dich so detailreich wie möglich an die einzelnen Situationen zu erinnern. Wen hast du auf dem Weg zur Arbeit getroffen? Wie hast du dich gefühlt? Dieser Fluss des Reflektierens geschieht zwar sehr detailreich, aber immer in einem

gewissen Tempo: nicht zu hektisch, aber auch nicht zu ausschweifend. Versuche, dich an einzelnen Situationen oder Momenten nicht länger aufzuhalten als an anderen. Alle Erfahrungen des Tages sind gleich «wichtig». Es geht nicht darum, Alternativlösungen für bestimmte Probleme zu finden, Unterhaltungen nachträglich umzudichten (wäre mir diese Punch Line doch bloß vorhin eingefallen ...!) oder dir zu überlegen, wie du in einer bestimmten Situation hättest reagieren sollen. Du reflektierst den Tag – ohne ihn zu editieren.

Dennoch kann es immer wieder vorkommen, dass du an einzelnen Punkten oder Situationen «hängenbleibst». Ein intensives Gespräch, eine schwierige Entscheidung – diese Dinge können «klebrig» sein, du schweifst ab und bist nicht mehr im stetigen Fluss der Reflexion präsent. Lass das keinesfalls zum Anlass für Selbstkritik oder Ähnliches werden! Nimm es einfach zur Kenntnis und komme entspannt zurück zu deinem Erinnerungsstrom.

Wenn du den Tag bis zum jetzigen Moment durchgegangen bist, richte deine Aufmerksamkeit auf das Hier und Jetzt, auf den Ort und den Moment, an dem du gerade sitzt und diese Übung machst. Vielleicht öffnest du kurz die Augen, streckst dich und atmest ein paarmal tief durch? Beginne dann mit dem zweiten Durchlauf.

Dieser zweite Durchlauf ist sehr wichtig. Du wirst erkennen, dass er eine andere Qualität hat als der erste. Du lässt hierfür den Tag wieder so detailreich wie möglich und in einem angenehmen Tempo Revue passieren. Möglicherweise fallen dir auf einmal Dinge ein, die in der ersten Reflexion nicht da waren? Details, Gespräche, vielleicht ganze Abschnitte des Tages? Nimm einfach wahr, was da ist, und fließe entspannt und aufmerksam durch die Erinnerung. Nimm wahr, was passiert, wenn du an die Stellen gelangst, die im ersten Durchgang «klebrig» waren.

> Reflektiere den Tag so ein zweites Mal, bis du im jetzigen Moment ankommst.
> Wenn du möchtest, mache eine dritte Runde. Ich praktiziere diese Übung meist nur zweimal, traditionell wird allerdings empfohlen, sie dreimal zu machen.

Beobachte, wie sich deine Erfahrung von Tag zu Tag und von Wiederholung zu Wiederholung verändert. Wichtig ist nicht die Interpretation des Geschehenen – es ist vorbei, egal, wie sehr du dich anstrengen würdest: An dem vergangenen Tag kannst du nichts mehr ändern! Doch deine Aufmerksamkeit und Bewusstheit können Verstrickungen und Blockaden lösen, emotional aufgeladene Erinnerungen werden «entladen» – vielleicht spürst du das sogar körperlich.

Diese Erfahrung ist für viele von uns sehr neu.

Evening Pages

Die sogenannten Morning Pages sind eine beliebte und kraftvolle Kreativitätstechnik, die den Kopf von einem Überfluss an Gedanken befreien und zu mehr Fokus verhelfen kann. Sie wird oft von Künstlern und Autoren für den kreativen Schreibprozess verwendet. Zum ersten Mal ist sie mir begegnet, als ich in einem «Writing & Thinking Workshop» auf dem College lernen sollte, wie verschiedene Methoden sich auswirken, wenn wir fokussierter und kreativer schreiben und Gedanken und Ideen ausdrücken möchten. Die Hintergründe dieser Methode wurden uns damals nicht weiter erklärt, doch nach einigen Tagen und Wochen der konstanten Übung (wir haben jeden Unterrichtstag damit begonnen) veränderte sich tatsächlich meine Art zu schreiben: Ich hatte den Eindruck, schneller und fokussierter auf den Punkt zu kommen, meine Gedanken klarer formulieren zu können.

Die «Morning Pages» eignen sich auch für Menschen, die nicht «kreativ schreibend» tätig sind. Sie klären den Geist und helfen bei der Konzentration.

Ganz im Sinne der OOOO+X-Mentalität, die Dinge so anzupassen, dass sie gut für uns funktionieren, können wir aus den Morning Pages «Evening Pages» machen.

> Schreibe für eine festgelegte Zeit (zum Beispiel 10 Minuten) alles auf, was dir durch den Kopf geistert. Der Inhalt ist dabei nicht wichtig. Wichtig ist, dass du deinen Stift während dieser 10 Minuten nicht ablegst – du schreibst wirklich durch, ohne Pause, ohne nachzudenken, dein Stift bewegt sich konstant.
> Natürlich funktioniert das auch auf dem Computer. Auch hier sollten deine Finger die Tastatur nicht verlassen und permanent schreiben – auch wenn du dich wiederholst und selbst wenn du nur schreibst, wie schwierig es ist, konstant zu schreiben. Kein Problem! Mach einfach weiter. Du schreibst für die festgelegte Zeit alles auf, was dir einfällt, ohne Rücksicht darauf, ob es irgendeinen literarischen oder kreativen Wert hat. Auf diese Art lässt du deine kreisenden Gedanken, unzusammenhängenden Assoziationen und Konzepte raus und hilfst dem Geist damit, zur Ruhe zu kommen.
> Nach der festgelegten Zeit legst du den Stift ab (oder nimmst die Hände von der Tastatur), legst den Zettel beiseite (bzw. schließt das Word-Dokument), entspannst dich oder gehst schlafen.

Die Inhalte des Geschriebenen stehen nicht primär im Fokus der Übung, dennoch können sie sehr aufschlussreich sein. In seinem Buch «Tools of Titans» empfiehlt der Autor und Unternehmer Tim Ferriss, sich die Notizen in einem Journal zu machen und sie von Zeit zu Zeit anzuschauen. Sie können uns

Einblicke bieten in die Ideen, Probleme und Lösungsstrategien, mit denen wir uns beschäftigen.

Ich selbst nutze diese Technik manchmal vor dem Songtexteschreiben, und obwohl es sich nur um eine Vorbereitung handelt, sind tatsächlich schon hin und wieder einige Sätze dabei herausgekommen, die später in einem Song gelandet sind.

Ob wir Einsichten oder Textzeilen aus dieser Übung extrahieren können – vielleicht ja, vielleicht nein. Das müssen wir aber auch gar nicht. Die Intention ist vielmehr, dass wir uns einmal durchpusten und danach ein bisschen befreiter in den Tag starten oder ihn abschließen können. Verzeih mir das mentale Bild, das ich jetzt bei dir hervorrufe: Die Pages sind wie Naseputzen. Danach können wir wieder freier durchatmen.

Oder wie Tim Ferris schreibt: «Kann fünf Minuten jeden Morgen Auskotzen und Rumheulen dein Leben verändern? So verrückt wie es scheint, ich glaube die Antwort ist Ja.»

OUTRO

«Ziehen Sie die Sauerstoffmaske zuerst sich selbst an. Erst danach helfen Sie Ihren Mitreisenden.»
Sicherheitshinweis in Flugzeugen

Tu es für dich und dadurch auch für andere

Wenn du schon mal mit einem Flugzeug geflogen bist, dann kennst du die typischen Hinweise zur Bordsicherheit: Die Flugbegleiter erklären, wo die Schwimmweste ist, dass der Tisch bei Start und Landung hochgeklappt sein muss (und die Rückenlehne senkrecht) und dass in einem Fall von Druckverlust in der Kabine automatisch Sauerstoffmasken aus der Decke über den Sitz fallen. Der nächste Hinweis widerspricht unserer Intuition. Er lautet: «Ziehen Sie die Maske zuerst sich selbst auf. Erst danach helfen Sie Kindern und anderen Mitreisenden.» Da du mitfühlend, hilfsbereit und aufmerksam bist, fragst du dich vielleicht: Ist das nicht sehr egoistisch? Solltest du nicht besser denjenigen helfen, die auf Hilfe mehr angewiesen sind als du?

Doch es gibt einen handfesten Grund für diese Anweisung: Erst wenn du selbst genug Luft zum Atmen hast, kannst du beherzt und präzise handeln und andere unterstützen. Solltest du deine Maske nicht tragen, wird dir – im wahrsten Sinne des Wortes – die Luft ausgehen. Dir wird schwindelig, und du fällst schließlich in Ohnmacht. Dann ist niemandem geholfen: Die anderen schaffen es nicht allein, und du bist nicht mehr bei Bewusstsein.

Du kannst nur das mit anderen teilen, was du hast. Du kannst deinen Kindern, Freunden und Mitmenschen nur dann Liebe, Aufmerksamkeit und Verständnis schenken, wenn du dir diese Dinge auch selbst zugestehst. Es ist nicht egoistisch, gut für dich zu sorgen. Es ist nicht egoistisch, dreimal die Woche Sport zu treiben: Wenn du fit und gesund bist, wirst du mehr Energie für deine Familie und Freunde haben. Es ist nicht egoistisch, dir jeden Tag etwas Zeit für die Meditation zu nehmen: Wenn du deine eigenen Gedankenmuster und Emotionen erkennst, wirst du auch anderen Menschen mit mehr Empathie und Verständnis begegnen. Ebenso wenig ist es egoistisch, Achtsamkeit zu praktizieren: Wenn du lernst, deine Aufmerksamkeit zu schulen, kannst du deinen Freunden wertschätzender zuhören und für sie präsent sein.

Ob eine Handlung egoistisch ist, wird durch die Motivation bestimmt, die ihr zugrunde liegt. Wir alle können sogar bei scheinbar altruistischen Aktivitäten sehr ichbezogene Beweggründe haben: Wir möchten, dass andere uns loben, uns mit Respekt begegnen oder uns als «gute Menschen» bezeichnen. Wir glauben, Aufmerksamkeit und sogar Liebe einfordern zu können, weil wir doch so viel für andere getan haben. Wir hoffen, die Anteile, die wir an uns selbst nicht mögen, mit Selbstaufopferung überschminken zu können.

Bleibt dann die erhoffte Belohnung in Form von Anerkennung oder Wertschätzung aus, werden wir zynisch. Wir regen uns über die Undankbarkeit der anderen auf – und schmeißen im Zweifelsfall sogar hin.

Wenn wir stattdessen aus einer inneren Stärke heraus hilfsbereit sind, wenn wir unseren eigenen Schatten, unsere Unzulänglichkeiten und Schwächen kennen und sie daher auch bei anderen akzeptieren können, wenn wir gelernt haben, uns selbst anzunehmen und uns zu vertrauen – dann können wir unseren Nachbarn, Kollegen, Freunden und der Familie auch auf diese Weise begegnen. Weil wir selbst genug besitzen, können wir aus vollem Herzen geben.

Ob du OOOO+X praktizierst, Yoga machst oder spirituelle Workshops besuchst, um dich selbst besser kennenzulernen: Sei offenherzig und freigebig mit deinen Erfahrungen, dann hilfst du auch den Menschen um dich herum. So wirst du eine Quelle für positive Veränderung in der Welt. Dann tust du etwas für dich und dadurch auch für andere; und wenn du etwas für andere tust, dann tust du es auch für dich.

Das ist der Schlüssel zum Glück.

NACHWORT

Dieses Buch erhebt keinen Anspruch auf Vollständigkeit in der Darstellung der einzelnen Ideen, Übungen und Methoden. Ich bin mir bewusst, dass ein intensives Studium dieser Prinzipien weit über das hinausgeht, was sich zwischen den Klappen eines einzelnen Buches fixieren lässt.

Die hier vorgestellten Praktiken sind Einführungen, Anstöße und Vorschläge, konzipiert zur Inspiration und gedacht als erste Schritte auf dem Weg oder als weitere Pflastersteine auf einer großen Straße. Wo diese Straße hinführt und wie wir uns auf ihr fortbewegen, ist sehr individuell. Ob wir schnell reisen oder langsam gehen, liegt an uns selbst. In verschiedenen Phasen der Reise wechseln wir das Tempo. Wir kleiden uns unterschiedlich, je nach Gelegenheit oder dem Wetter entsprechend. Wir passen unsere Fortbewegungsmittel den Gegebenheiten an. Manchmal bleiben wir stehen oder gehen einen Schritt zurück.

Der Weg bleibt der Weg.

DANKSAGUNG

I wanna give a shoutout to the whole world!

Ich möchte mich bei den Menschen bedanken, die meinen Weg geprägt haben. Alles, was an diesem Buch hilfreich ist, habe ich ihnen zu verdanken. Alles, was nicht klar oder schlichtweg unbrauchbar ist, habe ich selber verzapft.

Allen Lesern dieses Buches: danke für die gemeinsame Reise!

An Chime Rinpoche, die Chime Sangha, Shambhala, Tarthang Tulku und die Nyingma-Zentren, Osho und die Mitreisenden des Path of Love, an das INeKO Institut und all meine Coaches und Wegbegleiter: vielen Dank!

An alle Lehrerinnen, Autoren, Rednerinnen, Visionärinnen, Träumer, Verrückten und Bodenständigen, die mich mit Worten und Taten begleiten: vielen Dank!

An den Rowohlt Verlag, Julia Vorrath, Jan Wehn, Sarah und Nina von The Heart Art, Achim Arnold, Laura Seiler, Jens Fischer, Lars Amend, Gerd & Jana, Aid und das Team vom Le Meridien Wien, Argon und Groove Attack: vielen Dank!

An alle Teilnehmer meiner Workshops und Hörer meiner Podcasts: Ihr seid die Besten. Vielen Dank!

Einen ganz besonderen Dank möchte ich meiner Frau und meinem Sohn sagen: Ohne euer Verständnis und eure Unterstützung gäbe es dieses Buch gar nicht. Vielen Dank!

Mögen alle Wesen Glück erfahren und die Wurzel des Glücks kennen.

Peace!

Michael Kurth aka Curse

VERWENDETE UND WEITERFÜHRENDE LITERATUR

Bartow, Tom: Organize Tomorrow Today – 8 Ways to Retrain Your Mind to Optimize Performance at Work and in Life, Boston 2015

Brown, Brené: Daring Greatly – How the Courage to be Vulnerable Transforms the Way We Live, Love, Parent and Lead, London 2012

Carr, Nicholas: The Shallows – What the Internet is Doing to Our Brains, New York 2010

Diefenbach, Sarah; Ullrich Daniel: Digitale Depression – Wie neue Medien unser Glücksempfinden verändern, München 2016

Ferriss, Tim: Tools of Titans – The Tactics, Routines and Habits of Billionaires, Icons and World-Class Performers, London 2016

Gladwell, Malcom: Überflieger – Warum manche Menschen erfolgreich sind und andere nicht, Müchen 2010

Khyentse, Dzongsar Jamyang: Weshalb Sie (k)ein Buddhist sind, Obersdorf 2013

Osho: Das Orangene Buch – Die Osho Meditationen für das 21. Jahrhundert, Köln 2016

Otto, Michael: Exercise – the Other Antidepressant. www.bu.edu/today/2010/exercise-the-other-antidepressant/ (20. 11. 2017)

ders.: Exercise for Mood and Anxiety: Proven Strategies for Overcoming Depression and Enhancing Well-Being, Oxford 2011

Markowetz, Alexander: Digitaler Burnout – Warum unsere permanente Smartphone-Nutzung gefährlich ist, München 2015

Mipham, Sakyong: Den Alltag erleuchten – Die vier buddhistischen Königswege, München 2007

ders.: Wie der weite Raum – Die Kraft der Meditation, München 2005

Radatz, Sonja: Einführung in das systemische Coaching, Heidelberg 2009

Seppälä, Emma: The Happiness Track – How to Apply the Science of Happiness to Accelerate Your Success, London 2016

Tulku, Tarthang: Tibetische Entspannung – Kum Nye Massage und Bewegung, Köln 2017

ders., Wege zum Gleichgewicht – Höhere Bewusstheit, Selbstheilen und Meditation, Münster 1997

ders., Kum Nye – Selbstheilung durch Entspannung – Massagen und Bewegungsübungen aus dem alten Tibet, München 2010

ders., Die Freude des Seins. Vertiefende Kum Nye Übungen zur Entspannung, Integration und Konzentration, Köln 2010

ders., Raum, Zeit und Erkenntniss – Aufbruch zur neuen Erfahrung von Welt und Wirklichkeit, Reinbek 1993

ders., Geschicktes Wirken – Arbeit erfolgreich meistern, Köln 2000

Trungpa, Chögyam: Der Mythos Freiheit und der Weg der Meditation – Eine Einführung in den tibetischen Buddhismus, Reinbek 2006

ders.: The Path is the Goal – A Basic Handbook of Buddhist Meditation, Boston 1995

ders.: Smile at Fear – Awakening the True Heart of Bravery, Boston 2009

ders.: Das Buch vom meditativen Leben – Shambhala und der Pfad des inneren Kriegers, München 2012

Whippman, Ruth: Actually, Let's Not be In The Moment, www.nytimes.com/2016/11/26/opinion/sunday/actually-lets-not-be-in-the-moment.html (20.11.17)

Michael Kurth, Künstlername Curse (Jg. 1978), gilt als ein Wegbereiter der deutschen Rapmusik, er hat bisher sieben Alben veröffentlicht. Außerdem ist er Buddhist, ausgebildeter Systemischer Coach und Lehrer für tibetisches Yoga. Er produziert den erfolgreichen Podcast «Meditation, Coaching & Life», in dem er sein Wissen weitergibt. Inzwischen ist Curse gefragter Speaker zu den Themen Meditation und Work-Life-Balance und gibt OOOO+X-Workshops. Er lebt mit seiner Familie in Berlin.